RUSSLAND

Sie sollten einmal eine Reise durch Rußland machen. Sie kennen das Land, wie es vor zehn Jahren war, aber das genügt jetzt nicht mehr. In zehn Jahren ereignet sich in Rußland mehr, als in einem anderen Staate während eines halben Jahrhunderts. ... Glauben Sie nicht, was man spricht und was man sich erzählt. Das eine ist freilich wahr, daß es in Rußland noch niemals eine so außerordentliche Mannigfaltigkeit und Verschiedenheit der Meinungen und Anschauungen gegeben hat, wie sie heute unter den Leuten herrschen ... Überdies ist ein Geist der Klatschsucht aufgekommen, ... sind so viele törichte Gerüchte entstanden und einseitige nichtssagende Schlüsse gezogen worden. Dies alles hat bei allen Leuten die Begriffe über Rußland so sehr entstellt und verwirrt, daß man niemand mehr glauben kann. Man muß selbst eine Reise durch Rußland machen und sich selbst überzeugen.

Nikolai Gogol, Aus dem Briefwechsel mit Freunden, 1845

◁ Die Basilius-Kathedrale auf dem Roten Platz in Moskau.

Der mächtige Kreml und Metropolitenhof von Rostow Weliki gehört zu den schönsten baulichen Gesamtanlagen altrussischer Architektur (oben).

RUSSLAND

MOSKAU · SANKT PETERSBURG UND DER GOLDENE RING

FOTOGRAFIE FRITZ DRESSLER
TEXT KLAUS BEDNARZ
HANS-PETER RIESE
HEIDEROSE ENGELHARDT
WLADISLAW GOWORUKHIN

BUCHER

INHALT

Bildkapitel

Fritz Dressler
20 Sankt Petersburg
52 Im Russischen Norden
72 Moskau
96 Sergijew Possad, Pereslawl-Salesski, Rostow Weliki
116 Jaroslawl, Kostroma, Wladimir
136 Susdal
156 Am Strom der Wolga: russisches Bauernland

Klaus Bednarz
13 «RUSSLAND LIEB' ICH, DOCH DIESE LIEB' IST SELTSAM»

Hans-Peter Riese
17 EIN LAND MIT VIELEN GESICHTERN
18 Das russische Dorf
45 Zwischen Tradition und Moderne
46 Von der Kiewer Rus zur Sowjetunion
50 Die ungleichen Metropolen Sankt Petersburg und Moskau
65 Rußlands Vielfalt
65 Land der Flüsse und Meere
66 Rußland, deine Dichter
69 Land der Kirchen und Klöster
70 Ein Land im Um- und Aufbruch

Heiderose Engelhardt
85 DAS SAKRALE GESAMT-
KUNSTWERK ALS AUSDRUCK
ALTRUSSISCHER KUNST
85 Zwischen Orient und Okzident
86 Das sakrale Gesamtkunstwerk
90 Nowgorod – die «Wiege des
Russischen Reiches»
92 Wladimir – die «Fürstenstadt»
94 Moskau – das «Dritte Rom»

Wladislaw Goworukhin
109 GEOGRAPHIE
GESCHICHTE · KULTUR
Ein Glossar
übersetzt von H. Umbreit

109 Zentralrußland – eine Topographie in Stichworten
109 Klimatische Voraussetzungen
109 Bevölkerung und Sprache
112 Der Goldene Ring
112 Der Russische Norden
113 Daten zur Geschichte
114 Wichtige Städte von A bis Z

Heiderose Engelhardt
169 KLEINES GLOSSAR ZUR
RUSSISCHEN KUNST

176 Karte
177 Register
180 Text- und Bildnachweis
180 Impressum

◁ SANKT PETERSBURG *Ein Triumphbogen zur Erinnerung an den Sieg über Napoleon verbindet die beiden Flügel des ehemaligen Generalstabsgebäudes an der Südseite des Schloßplatzes, das von Karl Rossi im frühen 19. Jahrhundert errichtet wurde.*

KOSTROMA *78 Bilder schmücken die Ikonostase in der Dreifaltigkeitskathedrale des Ipatjew-Klosters, darunter eine Gottesmutter-Ikone, auf der das Kind Christus als Weltenherrscher dargestellt ist (links).*

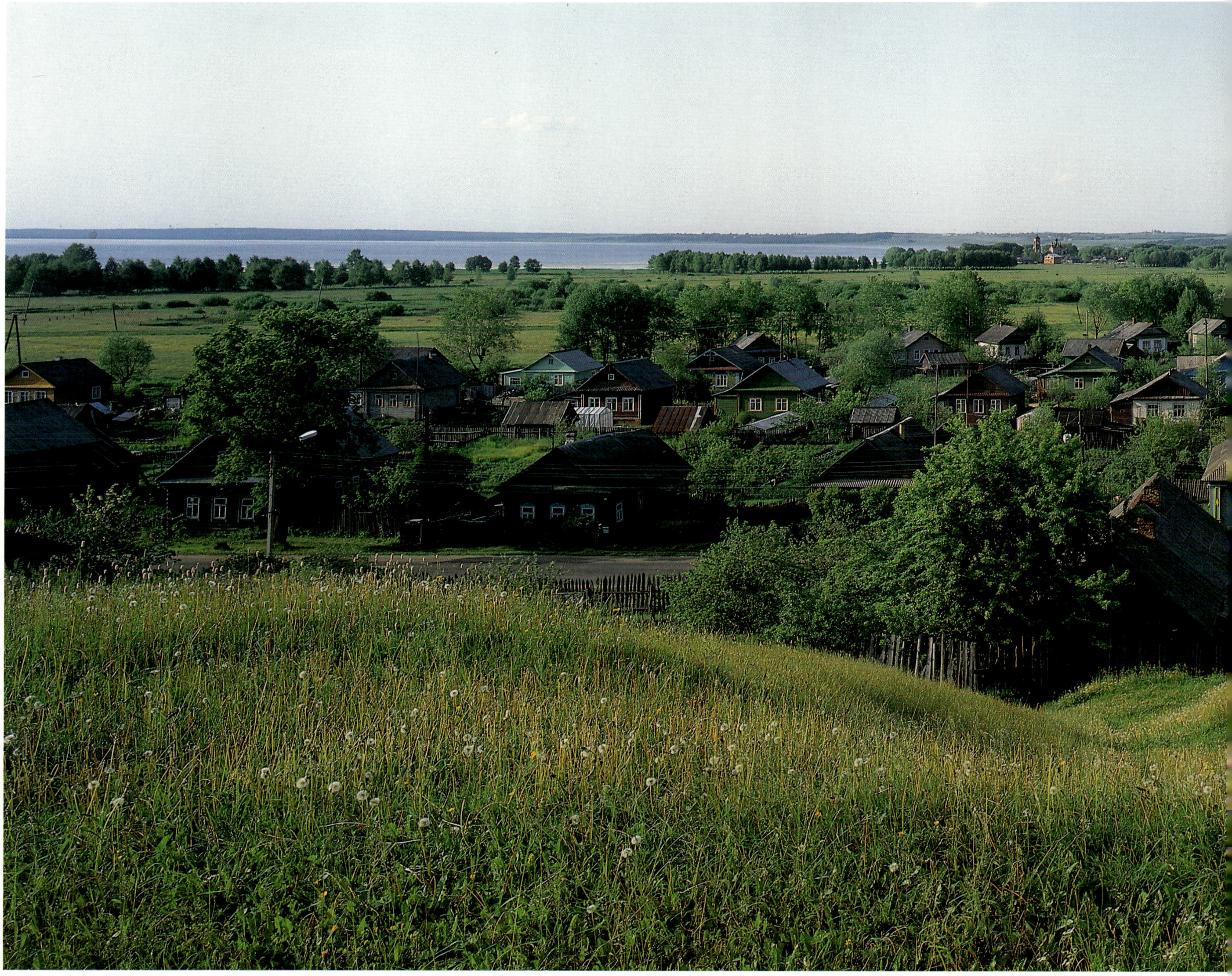

PERESLAWL-SALESSKI Das Landstädtchen Pereslawl-Salesski am Pleschtschejewo-See kann auf eine über tausendjährige Geschichte zurückblicken: Am Seeufer wurden Spuren slawischer Stämme aus dem 9. bis 11. Jahrhundert gefunden.

ROSTOW WELIKI *Die russischen Holzhäuser sind nicht nur volkstümliche, verzierte Blockbauten der Bauern, sie prägen auch das Bild vieler alter Städte, wie etwa hier in der Vorstadt von Rostow Weliki.*

*Im Freilichtmuseum für Holzbau-
kunst wird altrussische Wohn- und
Arbeitskultur wieder lebendig.*

*Bäuerliche Geräte und Gebrauchs-
gegenstände veranschaulichen das
traditionelle Alltagsleben.*

KOSTROMA ▷

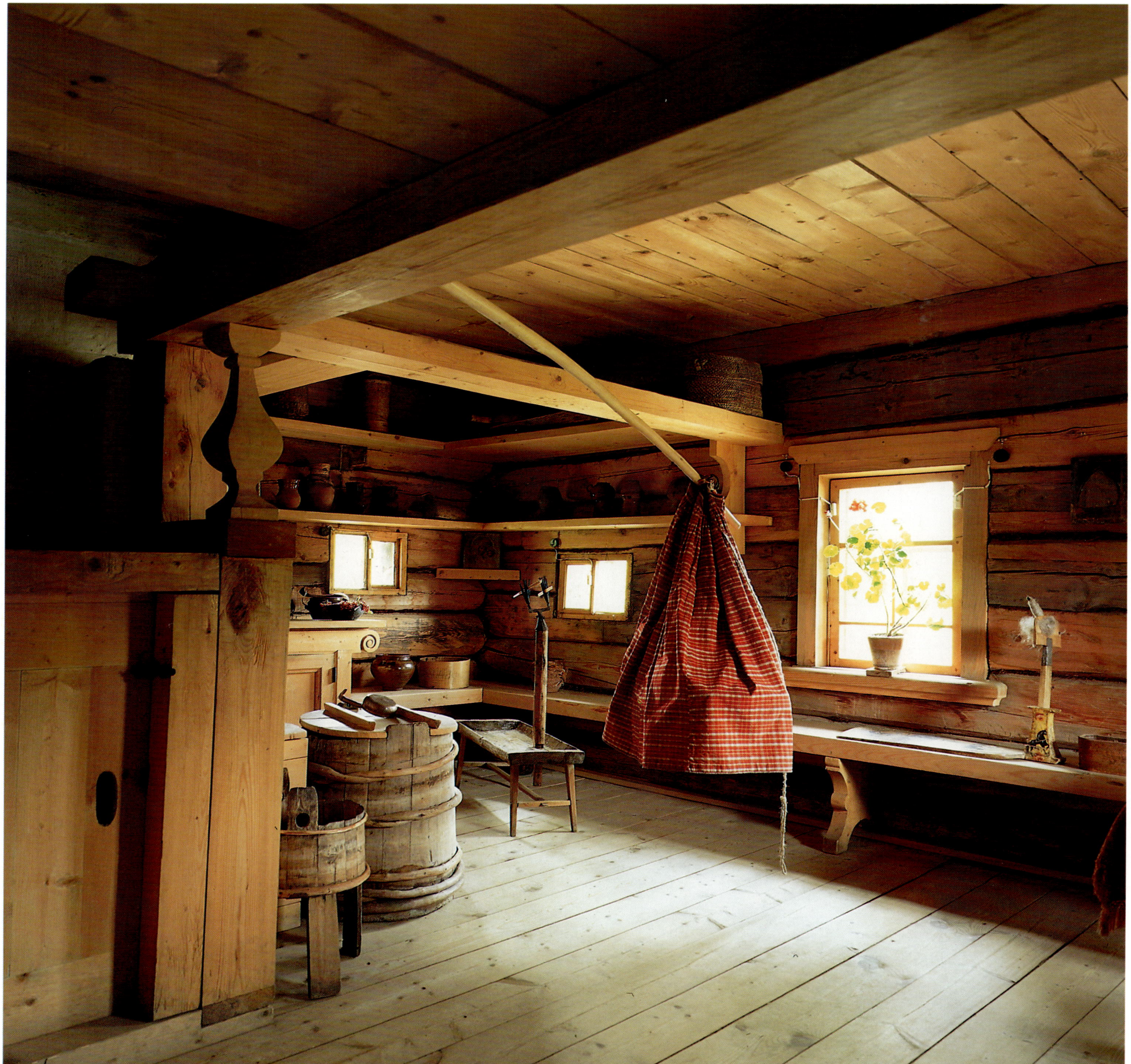

Klaus Bednarz

«RUSSLAND LIEB' ICH, DOCH DIESE LIEB' IST SELTSAM»

Rußland ist anders. Dieser Satz, häufig zitiert, ist die einzig verläßliche Aussage, die man über dieses Land machen kann. Außer vielleicht noch der: Niemanden, der je mit Rußland in Berührung kam, hat dieses Land gleichgültig gelassen. Manche, die es, auf welchen Wegen auch immer, dorthin verschlug, hat es für ewig abgestoßen. Die anderen, und das sind wohl weitaus mehr, hat es für den Rest ihres Lebens in seinen Bann geschlagen.

«Rußland lieb' ich, doch diese Lieb' ist seltsam». Diese Worte des großen russischen Dichters Michail Lermontow, geschrieben vor mehr als hundertfünfzig Jahren, gelten auch für den Autor dieser Zeilen. Seit mehr als einem Vierteljahrhundert reise ich durch dieses Land. Doch noch immer erscheint es mir seltsam, geheimnisvoll.

Ist es ein europäisches Land, ein asiatisches? Ist seine Seele eine Europäerin, eine Asiatin oder wie viele vermuten, schlicht eine archaische? Es ist mit Sicherheit eine verletzliche Seele; über die Jahrhunderte geprägt durch die Launenhaftigkeit des Klimas, den widrigen Boden und den unerträglichen, durch den endlosen Winter erzwungenen Müßiggang. Es ist ein Bauernvolk, dessen Gesicht noch immer das Bild auch der größten Städte prägt.

Die russischen Lieder sind meist schwermütig und klagend. Noch heute kann man sie hören, wenn man irgendwo am Ufer der Wolga oder der Oka steht. Der Wind trägt sie über den Fluß. Eine Idylle, die nur hin und wieder gestört wird, wenn aus der Hütte nebenan ein Transistorradio quäkt.

Die russischen Märchen sind mal süßlich, mal zynisch, mal wunderbar anarchisch. Da triumphieren der Mut, die Aufrichtigkeit und die Liebe. Aber genausooft die Dummheit, die Faulheit und der naive Glaube an Wunder.

Fjodor Dostojewski hat die russische Seele einst mit einem tiefen See verglichen. Unbewegt und friedlich bei ruhigem Wetter, wild und aufgewühlt bei Sturm. Beides liegt oft unmittelbar nebeneinander, wechselt, wie in der Natur, von einer Minute zur anderen. Die Melancholie eines Lermontow, die Zerrissenheit eines Dostojewski, die Sanftmut Tschechows, die Wildheit Majakowskis, die Noblesse der Achmatowa, sie alle sind Spiegelbilder ein und derselben Seele, der Seele Rußlands.

Den antiken Historikern galten die Völker des Ostens als wilde Barbaren. Eine Vorstellung, die sich über das Mittelalter, die Renaissance und die Aufklärung bis heute in den Köpfen vieler erhalten hat.

Auch die ersten deutschen Beschreibungen der Russen schilderten vor allem die tyrannische Herrschaft der Zaren, die rohen Sitten ihrer Gefolgsleute, die Dumpfheit der Bojaren, die Greueltaten Iwans des Schrecklichen, das verschwenderische Treiben der russischen Adligen und Kaufleute, das Bild des «wilden Moskowiters». Und zaristische Willkür und stalinistischer Terror haben das ihre beigetragen, dieses Bild bis in die Gegenwart lebendig zu erhalten.

Dabei ist das Wissen der Deutschen um Rußland und die Russen, ihre Kultur und Geschichte bis auf den heutigen Tag äußerst beschränkt. Einer der Gründe dafür liegt sicher in der mehr als zweihundert Jahre dauernden Herrschaft der Mongolen über Rußland, die das Land gründlich von West- und Mitteleuropa isolierten. Eine Isolierung, die sich auch unter den Zaren danach, mit Ausnahme Peters des Großen und Katharinas II., fortsetzte. Und die unter den sowjetischen Zaren des 20. Jahrhunderts einen traurigen Höhepunkt erreichte. Bis Michail Gorbatschow ihr mit

Die «Puppe in der Puppe» ist schon längst sprichwörtlich geworden: Die Matrjoschkas – volkstümlich bemalte Schachtelpuppen aus Holz – geben ihr Geheimnis von außen nicht preis. Die Zahl der Puppen in der Puppe ist nicht genau festgelegt, doch sie bestimmt den Wert der beliebten Souvenirs.

Auf schnurgeraden Straßen, wie hier zwischen Pskow und Sankt Petersburg, durchquert man die endlos scheinende Weite der russischen Wälder.

seinem «Neuen Denken», seiner Öffnung nach Westen ein Ende setzte. – Die Unwissenheit und die Vorurteile der Deutschen über Rußland und die Russen wurzeln aber auch in jenem Dünkel der Überlegenheit, der in den Völkern des europäischen Ostens schließlich nur noch die «Untermenschen» sah. Während in Rußland Heinrich Heine und Heinrich Böll fast jedem Schulkind ein Begriff sind, sind in Deutschland ein Puschkin oder ein Bulgakow nach wie vor nur wenigen Eingeweihten bekannt. In Sankt Petersburg und Moskau war vor der Revolution – neben Französisch – Deutsch die Sprache der Intelligenzija, waren deutsche Schulen, das deutsche Gymnasium die bevorzugten Ausbildungsstätten der russischen «gebildeten Stände». Und selbst während des Zweiten Weltkriegs wurden an russischen Theatern Stücke von Goethe und Schiller gespielt, während in großdeutschen Konzertsälen nicht einmal Tschaikowski erklingen durfte.

Den großen Beitrag Rußlands zur europäischen und zur Weltkultur gilt es noch immer zu entdecken; ebenso wie das Land in seiner Vielfalt, die Menschen in all ihrer Widersprüchlichkeit. Voraussetzung dafür aber ist der Abbau über Jahrhunderte gewachsener, sorgfältig gepflegter und mit Nachdruck geschürter Feindbilder.

Rußland, dieses Land im Osten, empfinden viele noch immer als Bedrohung. Seine Menschen sind ihnen rätselhaft, die politischen Intentionen unheimlich. Selbst heute, da die Sowjetunion zerfallen ist, herrscht vielerorts noch immer tiefes Mißtrauen gegen die Entwicklung, die der gewaltige Nachbar auf der Grenze zwischen Europa und Asien nehmen könnte. Die Russen, so ein weitverbreitetes Stereotyp, hätten keinerlei Erfahrung mit der Demokratie, sehnten sich nach einem starken Mann, seien nur durch die Knute regierbar. Dabei wird vergessen, daß schon die großen russischen Städte des Mittelalters wie Nowgorod und Pskow Strukturen der demokratischen Selbstverwaltung hatten. Daß die klassische russische Dorfgemeinschaft demokratisch organisiert war und die Leibeigenschaft in Rußland früher abgeschafft wurde als die Sklaverei in Amerika.

Sicher, auch Rußland hat sich in seiner Geschichte immer wieder als imperiale Großmacht aufgespielt. Wie Deutschland, Frankreich und andere europäische Mächte. Sicher, auch Rußland war eine Kolonialmacht. Wie England, Spanien, Portugal. Allerdings lagen seine Kolonien nicht weit weg in Übersee, sondern vor der Haustür. Und richtig ist auch, daß Rußland auf dem Wege seiner territorialen Expansion Richtung Osten die Ureinwohner als rechtlose Eingeborene unterdrückte, verdrängte, demoralisierte, dezimierte. Wie andere Kolonisatoren auch.

Auch ohne seine «Kolonien», ohne die Randrepubliken vom Baltikum bis Mittelasien, mit denen man gemeinsam das Riesenreich Sowjetunion bildete, bleibt Rußland eine Großmacht. Gemessen an der gewaltigen Ausdehnung seines Territoriums, der Zahl seiner Menschen und dem Reichtum seiner Bodenschätze. In Rußlands Erde lagern die größten Erdöl- und Erdgasvorkommen der Welt, die größten Kohlevorräte, die größten Diamantenreserven. Noch befindet sich Rußlands Wirtschaft auf dem Niveau eines Entwicklungslandes, zerrüttet von mehr als sieben Jahrzehnten sozialistischer Planwirtschaft. Doch sollte der Übergang zu einer neuen Gesellschaft, zu neuen, marktwirtschaftlich orientierten Strukturen gelingen, dürfte das nächste Jahrtausend Rußland auch als eine ökonomische Großmacht erleben.

Der Traum vom politischen Imperium Rußland hingegen dürfte der Vergangenheit angehören – auch wenn er im Land selbst immer wieder Anhänger findet. Die geschichtlichen Erfahrungen haben diesen Traum für viele Menschen innerhalb und außerhalb seiner Grenzen zum Alptraum werden lassen. Schon um die Jahrhundertwende hatte der russische Staatstheoretiker S. Kryschanowski erkannt: «Das eigentliche Rußland besitzt keine Reserven an kulturellen und moralischen Kräften zur Assimilierung seiner sämtlichen Randgebiete. Diese Aufgabe verzehrt den russischen nationalen Kern.»

Und Alexander Solschenizyn schrieb im Jahr 1990: «Nein, wir besitzen keine Kräfte für ein Imperium! Wir brauchen auch gar kein Imperium! Man soll es uns endlich von den Schultern nehmen: Es zermalmt uns, es saugt uns aus, beschleunigt unseren Untergang.»

Das Imperium ist Rußland von den Schultern genommen. Ob es seine Chance nutzt, wird die Zukunft erweisen. Siebzig Jahre Sowjetherrschaft haben nicht nur die alten politischen und gesellschaftlichen Strukturen zerstört, die Substanz Rußlands, das Bauerntum, vernichtet, der Natur unermeßlichen Schaden zugefügt. Sie haben in den Köpfen und Seelen der Menschen Verwüstungen angerichtet, die wohl noch einige Generationen prägen werden.

Und dennoch: Der Glaube an die Unzerstörbarkeit der russischen Kultur ist geblieben. Wie auch – mit den Worten des russischen Liedersängers Wladimir Wyssozki – der Glaube daran, daß sich die russische Erde nur «schlafend» gestellt hat und den Menschen aufs neue Kraft geben wird. Jene russische Erde, die alle Kriege überlebte, auch den, den das eigene Regime gegen sie führte.

Noch immer finden sich unendliche Weiten unberührter Natur. Birkenwälder, Seen und Flüsse, die noch immer so schön und romantisch sind, wie sie in den russischen Liedern besungen werden. In den Städten werden die erhaltenen Zeugnisse russischer Baukunst, wenn auch zunächst nur in bescheidenem Umfang, so doch liebevoll restauriert. Die Kuppeln vieler Kirchen erstrahlen im Glanz neu aufgetragenen Blattgolds. Viele Menschen, vor allem in der jüngeren Generation, machen sich nun, da die Grenzen gefallen sind, geistig auf einen neuen Weg. Auf den Weg nach Europa, in die Welt.

Das vorliegende Buch kann helfen, nationalistischen oder gar chauvinistischen Vorurteilen, Reminiszenzen und Feindbildern entgegenzuwirken. Mit seinen Bildern bereitet es zugleich ein sinnliches Vergnügen.

«Das gegenseitige Kennenlernen gehört zur humanistischen und kulturellen Menschwerdung» hat einst Lew Kopelew geschrieben. Es ist das Motto, unter dem auch dieses Buch steht.

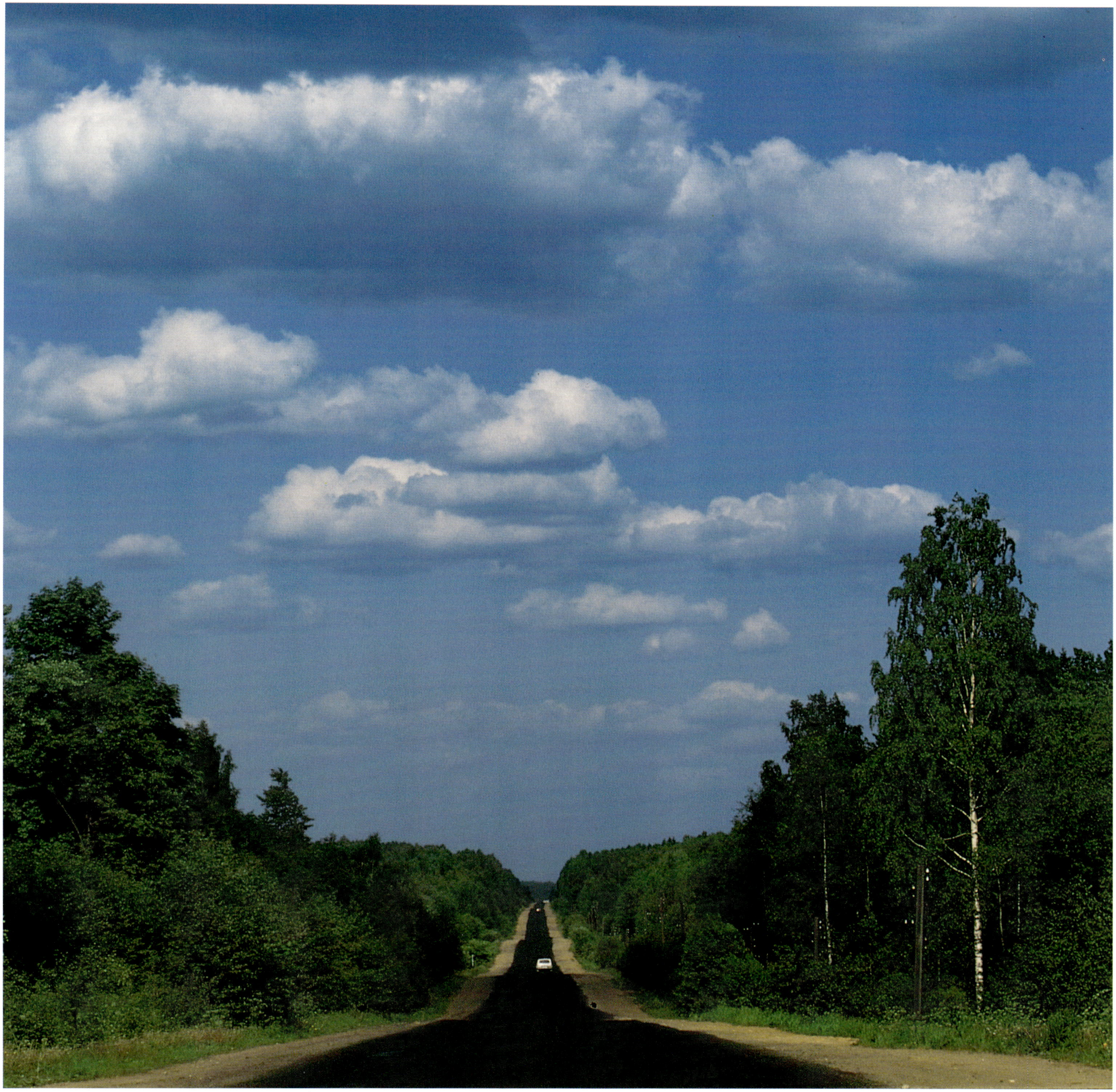

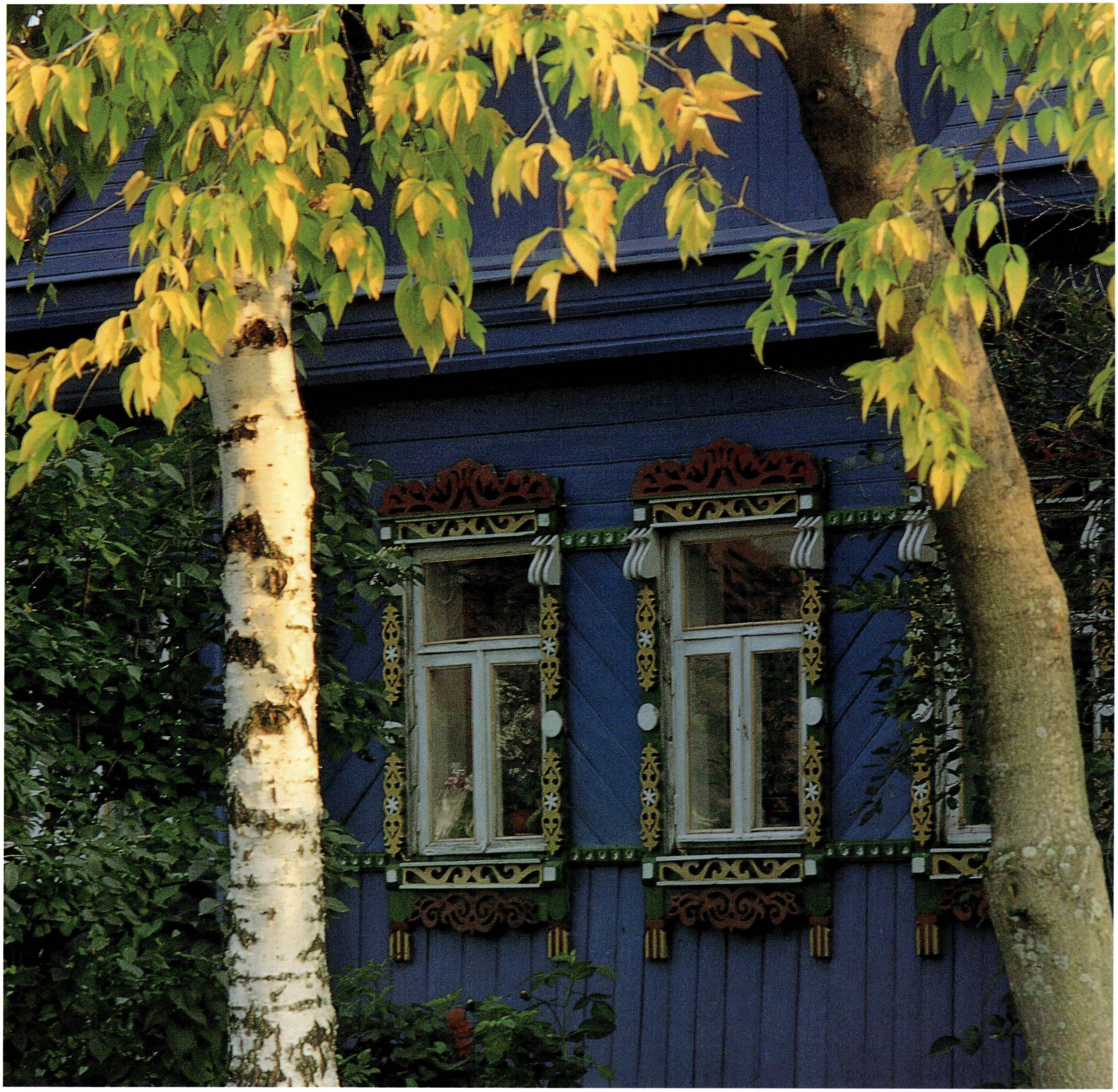

Hans-Peter Riese

EIN LAND MIT VIELEN GESICHTERN

Wer von Moskau aus nach Petropawlowsk-Kamtschatski, der Hauptstadt der Halbinsel Kamtschatka am Stillen Ozean fliegt, der ist zehn Stunden nonstop mit dem Flugzeug unterwegs. Unter sich sieht er die endlosen Weiten der Tundra und der Taiga, so gut wie ohne Anzeichen menschlicher Zivilisation. Der Zielflughafen ist die östlichste Stadt Rußlands, der kalifornischen Küste Nordamerikas näher als der eigenen Hauptstadt, von dieser durch elf Zeitzonen getrennt, gar nicht zu sprechen von wie vielen Kulturzonen. Man hat in den zehn Flugstunden nicht nur ein Land überquert, sondern einen Kontinent – und man hat doch die Grenzen Rußlands nicht verlassen, ein ganz normaler Inlandflug.

Noch hat die Welt kaum zur Kenntnis genommen, daß Rußland nicht identisch ist mit der Sowjetunion, und das ist vielleicht auch schwer, denn zum Territorium Rußlands gehören zwei Drittel der ehemaligen Sowjetunion, wenn auch nur knapp die Hälfte ihrer Bewohner. Die Gegensätze, die dieses Land in sich vereint und auf eine schwer faßbare Art und Weise auch miteinander versöhnt, sind krasser kaum zu denken. Wer vom Westen her, über die polnisch-russische Grenze einreist, der wird die landschaftlichen Veränderungen nur langsam wahrnehmen. Noch ist die Weite des Landes gleichsam «europäisch», zwar beeindruckend, aber noch nicht maßlos. Auch Städte, Menschen und Infrastruktur sind irgendwie vertraut, lassen sich mit europäischen Maßstäben fassen. Aber der Flugreisende auf derselben Route erhält bereits einen anderen Eindruck. Aus der Luft erstreckt sich dieses Land auch in seinem europäischen Teil nahezu endlos am Horizont.

Diese unfaßliche Weite, die in Kilometern kaum noch meßbaren Entfernungen sind es dann, die zum beherrschenden Erlebnis werden, je tiefer man in das Land eindringt. Dabei ist «eindringen» nicht ganz das richtige Wort, denn einige hundert Kilometer nordöstlich von Moskau gibt es praktisch nur noch zwei Verkehrsmittel: das Flugzeug oder die Eisenbahn. Zwei gigantische Schienenstränge schlängeln sich durch das Land, die bekannte Transsibirische Eisenbahn, mit der man bis nach Wladiwostok reisen kann, und die BAM, die Baikal-Amur-Magistrale, eine Trasse, die nur dem Gütertransport dienen sollte, die man heute aber auf Teilstrecken auch als Passagier benutzen kann.

Einen richtigen Eindruck von diesem wunderbaren und auch heute, im Zeitalter des Massentourismus, immer noch geheimnisvollen Land erhält man so jedoch nicht. Wahrscheinlich müßte man immer noch mit dem Pferd aufbrechen und zumindest einige Teilstrecken so durchstreifen, wie Reisende in den vorangegangenen Jahrhunderten die Weiten Rußlands erstmalig erkundet haben.

Der moderne Reisende hingegen wird sich des Verkehrsmittels Flugzeug bedienen und dabei immer wieder feststellen, wie dicht das Streckennetz mittlerweile ist, das die Sowjetmacht über das riesige Land gelegt hat. Auch dort, wo man niemals eine menschliche Behausung vermutet hätte, befinden sich Flughäfen, und sei es auch nur, um etwa in Jakutien die Pelztierjäger mehrmals im Jahr mit Verpflegung, Medikamenten und Ausrüstung zu versorgen.

Vor Ort ersetzen heute der Hubschrauber das Pferd und in der Taiga der Motorschlitten das Rentier und den traditionellen Holzschlitten. Aber trotz all des technischen Fortschritts, den auch die Menschen in diesen abgelegenen Landesteilen durchaus als zivilisatorischen Segen erkennen, ist die traditionelle Lebensweise

Kunstvolle Schnitz- und Sägearbeiten zieren auch heute noch viele russische Holzhäuser, wie diese Fensterumrahmungen hier bei Rostow Weliki oder in Susdal (linke Seite) zeigen.

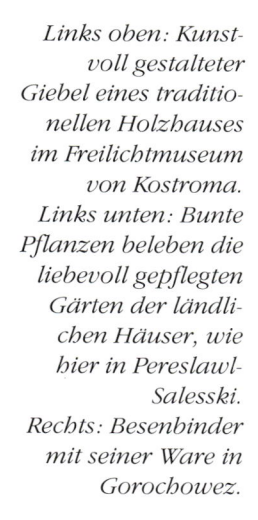

*Links oben: Kunstvoll gestalteter Giebel eines traditionellen Holzhauses im Freilichtmuseum von Kostroma.
Links unten: Bunte Pflanzen beleben die liebevoll gepflegten Gärten der ländlichen Häuser, wie hier in Pereslawl-Salesski.
Rechts: Besenbinder mit seiner Ware in Gorochowez.*

im heutigen Rußland ebensowenig verschwunden wie die alten Beförderungsmittel.

Flächen, so groß wie ganz Westeuropa, werden auch heute noch von wenigen Jägern mit ihren Hundeschlitten durchstreift, während im Zuge der Industrialisierung des Landes mitten in der Taiga, Tausende von Kilometern von jeder Zivilisation entfernt, Städte für mehr als hunderttausend Menschen buchstäblich aus dem Boden gestampft worden sind. Solche Städte, die wie offene Wunden in der Taiga liegen und nur solange existieren, wie die Stahlwerke, Bergwerke oder im Tagebau betriebenen Kohlegruben funktionieren, sind die am weitesten vorgeschobenen Posten einer Zivilisation, die sich in dieser Naturumgebung fast wie eine absurde Theaterinszenierung ausnehmen. Aber abgesehen von einigen solcher Städte, die einst als Beweis der Leistungsfähigkeit des sowjetischen Regimes mit einem kaum zu rechtfertigenden Aufwand gebaut worden sind, ist das Land jenseits des Ural auch heute noch weitgehend unerschlossen, reine, unberührte Natur, wie sie auf unserem Planeten heute immer seltener wird.

Das russische Dorf

Das Leben in dieser Natur spielt sich auch heute noch fast genauso ab wie vor Hunderten von Jahren. Trotz der gigantischen Industrieansiedlungen und der Millionenstädte ist das Dorf die überwiegende Siedlungsform geblieben. Es fängt beispielsweise in der Zehnmillionenstadt Moskau schon an der Stadtgrenze an. Bereits zwanzig, dreißig Kilometer außerhalb der Innenstadt verändert sich der Charakter der Stadt, die häßlichen Satellitenstädte mit ihren eintönigen, aus Betonplatten zusammengesetzten Hochhäusern treten zurück, und man sieht die ersten Holzhäuschen. Noch ein Stück weiter draußen ziehen sich rechts und links von der Autostraße die Reihen dieser alten *Izbas* mit ihren oft bunt bemalten Fensterumrandungen und den typischen verglasten Veranden hin. An den im Abstand von etwa dreißig Metern aufgestellten Pumpen kann man unschwer erkennen, daß es in diesen Dörfern kein fließendes Wasser gibt, demzufolge auch keine sanitären Anlagen, keine Kanalisation. In der Nähe der Städte haben die Dörfer heute weitgehend ihren ursprünglichen Charakter verloren, es sind «Datschen-Dörfer», also eher Ferienhaussiedlungen, in denen die Menschen nicht ständig leben, sondern nur am Wochenende, um auszuspannen oder ihren Garten zu bestellen.

Aber dieser Eindruck ist nur zum Teil richtig. Infolge der Wohnungsnot in den Städten wohnen immer mehr Menschen auf dem Land und nehmen morgens und abends stundenlange Fahrten mit öffentlichen Verkehrsmitteln oder dem eigenen Wagen in Kauf. Schnell stellt sich in solchen Siedlungen das alte russische Dorfleben wieder ein. Man lebt im wesentlichen von dem, was man im eigenen Garten anbaut. Wenn jemand besonders reich oder findig ist, dann hält er sich in seiner *Datscha* ein paar Hühner oder gar ein Schwein oder eine Ziege, um von der Versorgungsmisere der Stadt soweit wie möglich unabhängig zu sein. Das Häuschen wird selbstverständlich mit eigenen Händen und mit Hilfe der Nachbarn und Freunde ausgebaut und vor allem winterfest gemacht. Das Material kommt aus dem Betrieb, in dem man arbeitet, oder wird schlicht von einer Straßenbaustelle oder einem öffentlichen Bauvorhaben gestohlen. Einziger erkennbarer Hinweis auf den Fortschritt ist die Fernsehantenne auf dem Dach oder einem Baum. Aber je weiter man nach Norden vorstößt, desto rarer wird dieses untrügliche Zeichen der Medienzivilisation. Hier gibt es nämlich oft gar keine Elektrizität, die Menschen leben nach dem uralten Rhythmus von Tag und Nacht und zünden allenfalls am frühen Morgen eine Kerze oder eine Petroleumlampe an.

Aber niemand, auch wenn er bettelarm wäre, würde selbst in einem solchen Dorf auf eine *Banja* verzichten, jenes typische rus-

Ländliches Leben: Straßenverkauf von Obst und Gemüse des eigenen Gartens in der Gegend von Sergijew Possad (links); Bauernhäuser bei Pereslawl-Salesski (rechts oben) und in einem Vorort von Staraja Russa (rechts unten).

Fortsetzung Seite 45

SANKT PETERSBURG

Auf neunzehn sumpfigen Inseln legte Peter der Große vor genau zweihundert Jahren eine Stadt an. Überall ist die Stadt von der Newa durchlöchert ... ein seltsamer Mischmasch: westeuropäische Prachtkasernen im bunten Durcheinander mit byzantinischen Kuppelbauten und reizenden Lehmhäusern. Die massigen Museen und Kunstgalerien stehen am rechten Platz, aber auch die Kioske und die Buden ... stehen stolz genug im Sonnenschein ... Es ist die Rede davon gewesen, die Stadt an einen trockeneren Ort zu verlegen, ebensogut könnte man Rußland selbst verlegen wollen.

Knut Hamsun

21

◁ PETERHOF   *Die Palastkapelle im Ostsee-Schloß Peters des Großen – dem «russischen Versailles», das er als Unterkunft für seine Staatsgäste ab 1714 erbauen ließ.*

PETERHOF *Die Skulpturen der Neptun-Fontäne im Oberen Park stammen von Nürnberger Gießmeistern des 17. Jahrhunderts. Im Vordergrund eine Kopie der berühmten Statue des Apoll von Belvedere im Vatikan.*

PETERHOF *Nur einer unter etwa hundertfünfzig Springbrunnen in Peterhof
ist die 1722 nach einem Entwurf
von Michetti gestaltete Fontäne
«Adam», zu der sich auf der anderen
Seite des Kanals als Entsprechung
die Fontäne «Eva» findet.*

PETERHOF *Die höchste und mächtigste Fontäne im Park von Peterhof sprudelt aus dem Maul des Löwen in der Skulpturengruppe «Samson, der dem Löwen den Rachen aufreißt», dem Zentrum der aus 64 Fontänen bestehenden Großen Kaskade.*

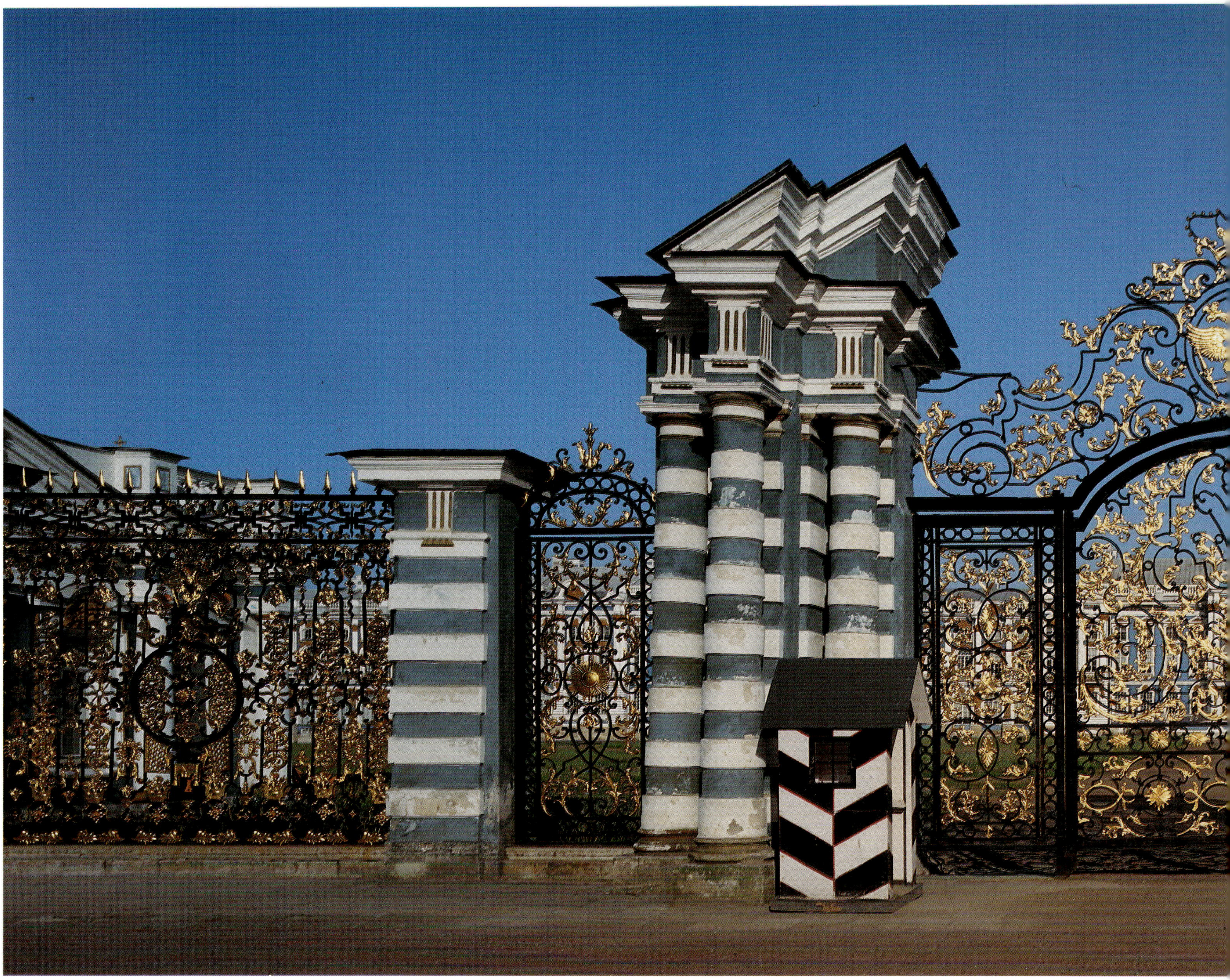

PUSCHKIN Doppeladler und Krone schmücken das vergoldete Haupttor des Ehrenhofs vor dem Katharinenpalast. Es wurde unter der Zarin Elisabeth nach Entwürfen von Rastrelli gefertigt.

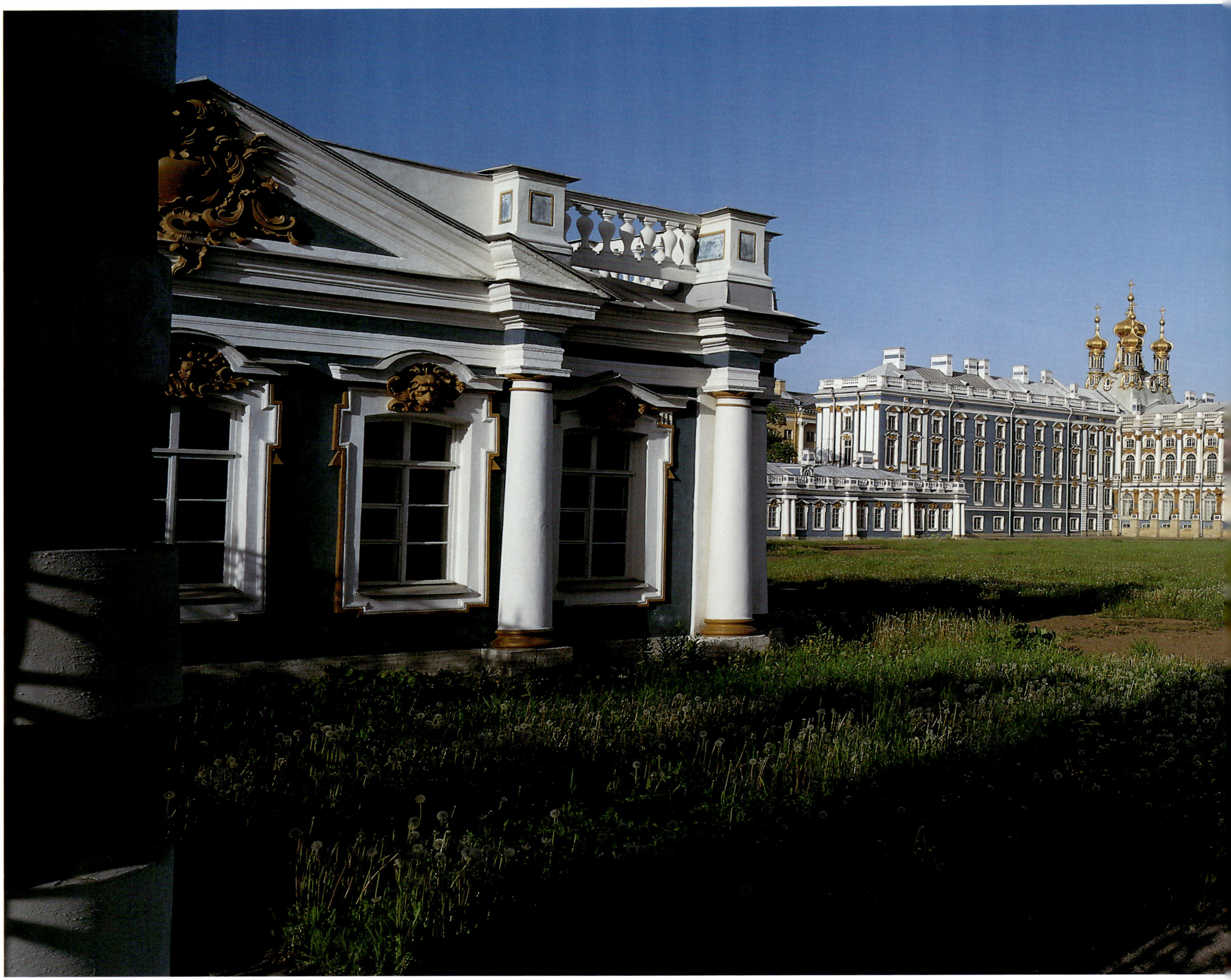

PUSCHKIN *Der nach der zweiten Frau Peters des Großen benannte Katharinenpalast erhielt seine prunkvolle Barockfassade durch Bartolomeo Rastrelli. Die Palastkirche (Bildmitte) trägt nach altrussischer Tradition fünf Zwiebelkuppeln.*

SANKT PETERSBURG *Der klassizistische Bau der Dreifaltigkeitskathedrale wurde 1827 bis 1835 von Wassili P. Stassow errichtet. Deutlich ist ihr kreuzförmiger Grundriß zu erkennen. Besonders bemerkenswert sind die kleinen Kuppeln über den Kreuzarmen.*

SANKT PETERSBURG *Von der Kuppel der Isaaks-Kathedrale hat man einen herrlichen Blick auf das Wahrzeichen der Stadt – den Turm der Admiralität – und auf die 1712 bis 1733 von Domenico Trezzini errichtete Peter-Paul-Kathedrale jenseits der Newa.*

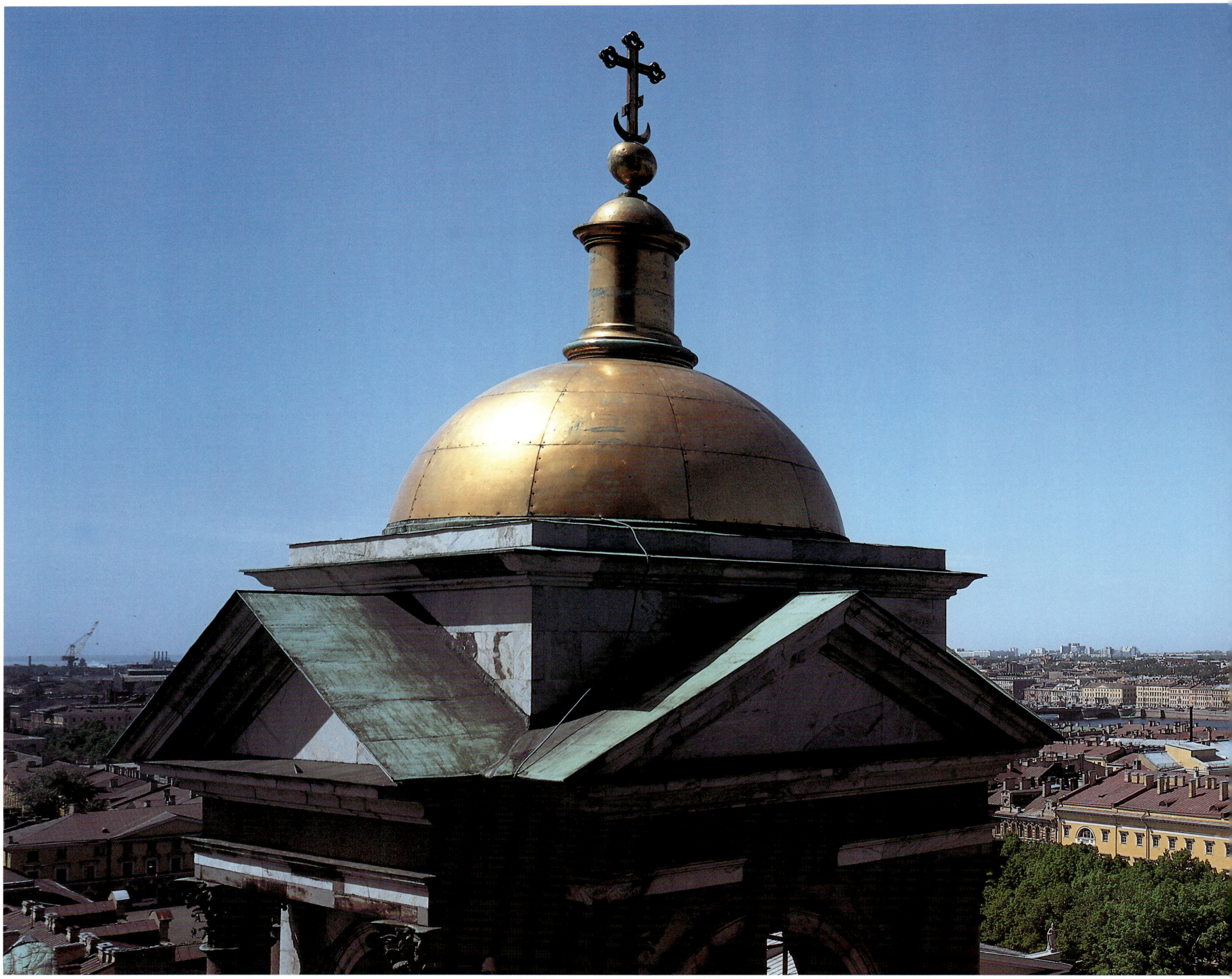

SANKT PETERSBURG *An einem der vier Glockentürme der Isaaks-Kathedrale vorbei schweift der Blick über das Senats-gebäude zum Museumsufer auf der Wassili-Insel.*

SANKT PETERSBURG *Ein Bild, das an die Verse Puschkins aus dem Gedicht «Der eherne Reiter» erinnern mag: «Ich liebe dich, des Peters Schöpfung/Liebe dein strenges, gerades Gesicht/Den mächtigen Flußlauf der Newa/Mit ihren Ufern aus Granit...»*

SANKT PETERSBURG *Wie Scherenschnitte wirken die Gebäude zwischen der eisbedeckten Newa und dem winterlichen Abendhimmel. Von links nach rechts: die Admiralität, die Isaaks-Kathedrale, eine der beiden Rostrasäulen und die Kuppel der ehemaligen Kunstkammer.*

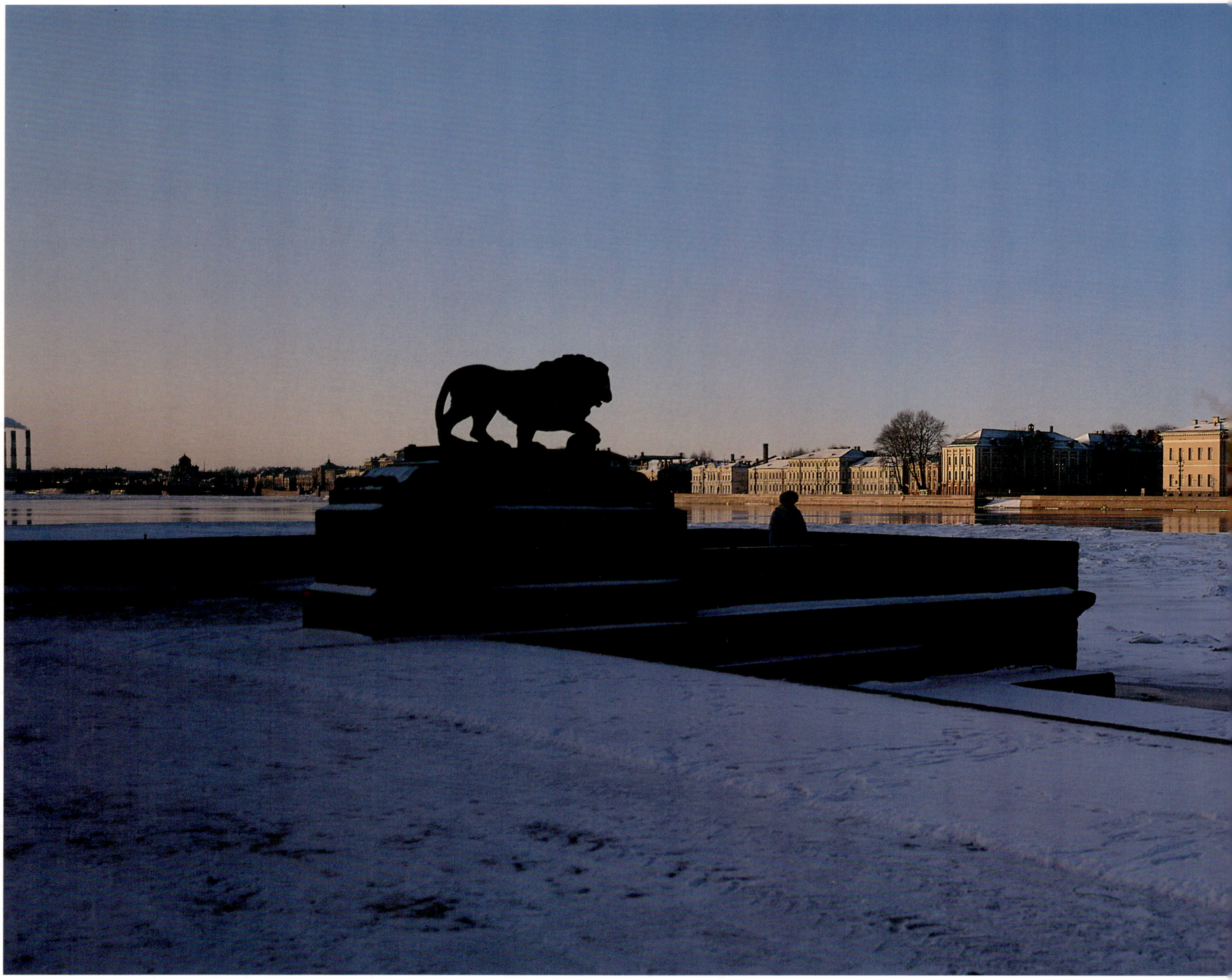

SANKT PETERSBURG *Die Schatten des Abends verdunkeln bereits die Große Seite, das Westufer der Newa, während die letzten Strahlen der untergehenden Wintersonne noch die Gebäude des Museumsufers erleuchten.*

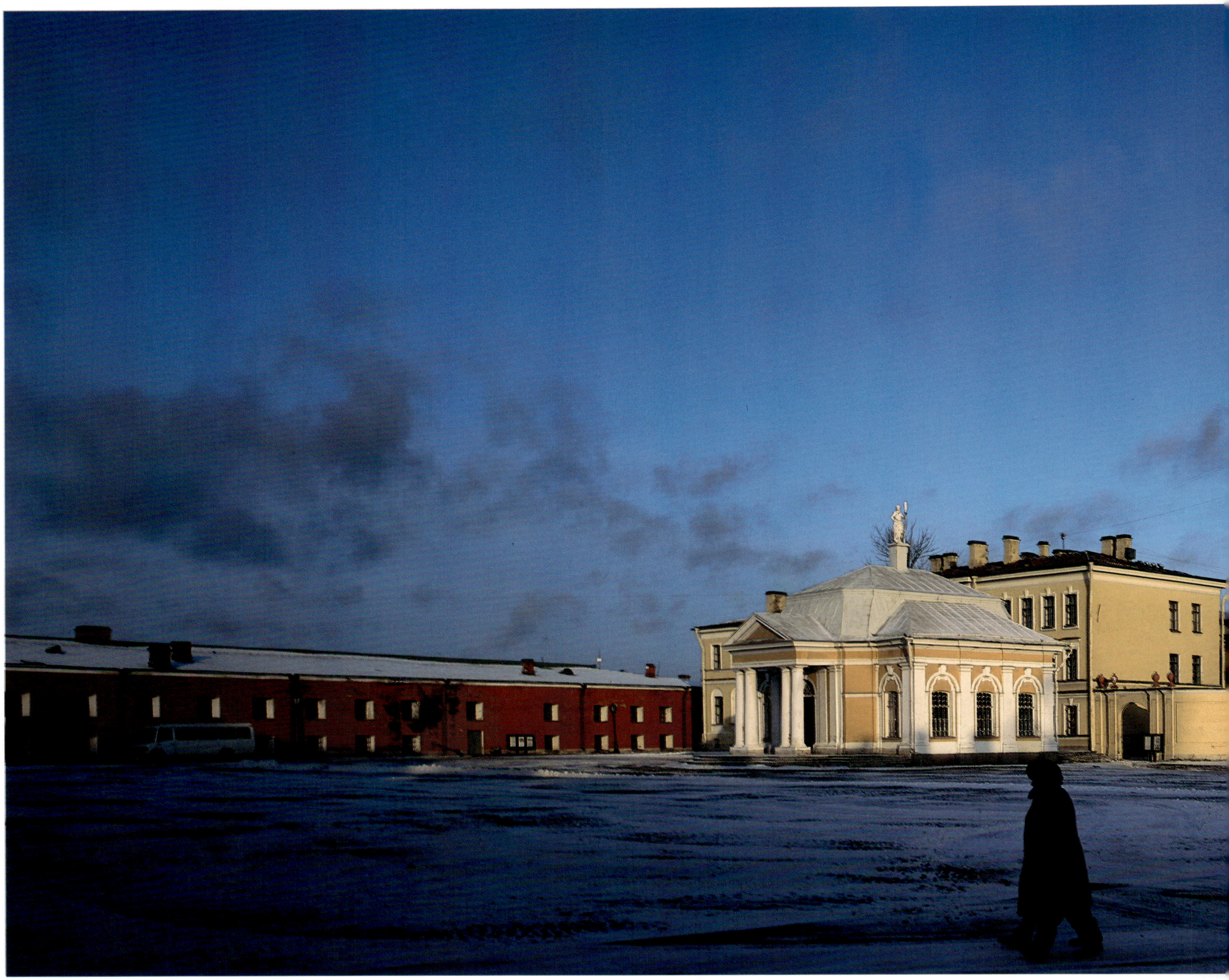

SANKT PETERSBURG *Die Peter-Paul-Kathedrale (rechts), seit Peter dem Großen Grabkirche der Romanows in der gleichnamigen Festung, die schon früh als Staatsgefängnis diente. Unter anderem waren hier Dostojewski, Bakunin und Gorki eingekerkert.*

SANKT PETERSBURG   *Mit seinen zahlreichen aus dem Westen mitgebrachten Skulpturen und Gemälden legte Peter I. den Grundstock für die Sammlung der Eremitage, mit fast drei Millionen Kunstwerken heute eines der größten Museen der Welt.*

SANKT PETERSBURG *Stimmungsvoller Innenraum der Dreifaltigkeitskathedrale im Alexander-Newski-Kloster.* *Sie wurde 1776 bis 1790 von Iwan Starow erbaut.*

SANKT PETERSBURG *Auf dem Schloßplatz vor dem Winterpalais, dem geschichtsträchtigsten und vielleicht schönsten Platz Sankt Petersburgs.* *Hier wurde das Ende der Zarenherrschaft besiegelt, Februar- (1905) und Oktoberrevolution (1917) nahmen hier ihren Ausgang.*

Die Jordantreppe in der Eremitage, Prunkstück barocker Baukunst. Über sie schritt der Zar alljährlich zur Zeremonie der Weihe des Newa-Wassers, die jeweils am 6. Januar in Erinnerung an die Taufe Jesu im Jordan stattfand.

SANKT ▷
PETERSBURG

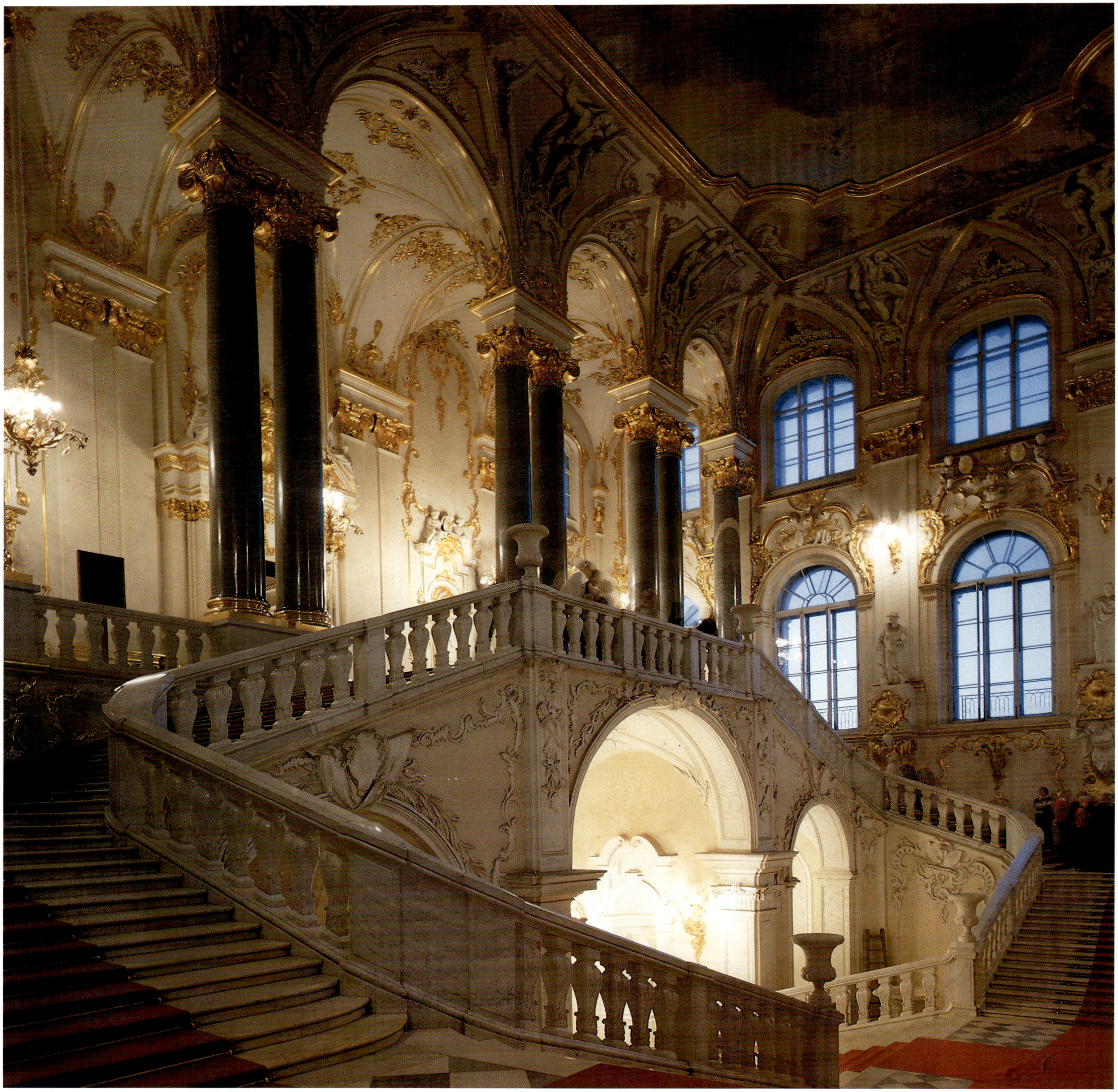

sische Dampfbad, das die meisten westlichen Reisenden mit einer einfachen Sauna verwechseln. Die *Banja* ist gleichermaßen Treffpunkt – vor allem der Männer –, Badezimmer für alle und Dorfparlament, denn hier werden alle wichtigen Entscheidungen getroffen. Das war bereits vor der Revolution so und wird nach dem Zerfall der Sowjetunion auch nicht anders sein. Man sitzt stundenlang in der *Banja* – in der Stadt nimmt man sich dafür einen halben Tag in der Woche «frei» –, reinigt sich, schwatzt, tafelt und trinkt natürlich.

Eine Kneipe gibt es in einem russischen Dorf sowenig wie einen wohlsortierten Lebensmittelladen. Wer einmal in einem Dorfgeschäft in Rußland war, der fragt sich, wovon die Menschen hier eigentlich leben. In der Regel gibt es dort nur Brot zu kaufen, manchmal außerdem Zucker, Salz, eingelegte Gurken und *Sok*, Saft, meist von der nahegelegenen Sowchose oder Kolchose.

So malerisch diese russischen Dörfer sind, das Leben dort ist längst zur Qual geworden. Die alte dörfliche Lebensform ist durch das Regime systematisch zerstört worden, die Lebensbedingungen wurden dafür aber keineswegs verbessert. Weit über zwei Drittel aller Ansiedlungen in Rußland sind bis heute ohne fließendes Wasser und Kanalisation, das heißt nahezu alle Dörfer des Landes fallen unter diese Kategorie. Dafür pflegen und kultivieren die Dorfbewohner ihre Gärten, die im Sommer oft zu Paradiesen werden. Wer nun aber glaubt, in ihnen würde nur noch Gemüse gezogen, der irrt. Die russischen Dörfer sind nicht zuletzt deshalb so malerisch, weil sie im Sommer geradezu in Blumen unterzugehen scheinen. Liegen sie übrigens in der Nähe einer Autostraße, so wird sich kaum ein Dörfler die Chance entgehen lassen, sich an der Straße zu postieren und dort seine Blumen, Äpfel, Pflaumen oder was der Garten sonst hergibt, zum Kauf anzubieten.

Früher wurde die Dorfgemeinschaft vom Popen, dem Geistlichen der russisch-orthodoxen Kirche zusammengehalten. Er war die unangefochtene Autorität, sowohl in religiösen als durchaus auch in weltlichen Fragen. Aber nach der Revolution hat man die Kirchen in den Dörfern geschlossen, die Popen mußten sich vom Land zurückziehen, und die *Dorfsowjets*, also die Dorfräte, sorgten als politische Macht für eine gründliche Umwertung der alten Werte und damit für eine Veränderung der Lebensgewohnheiten der Menschen.

Heute existieren in Rußland nur noch sehr wenige Dörfer mit einer «arbeitenden» Kirche und einem Geistlichen. Man findet sie hingegen noch in den dünn besiedelten Landesteilen, wo die weltliche Autorität fern ist und die Menschen immer noch weitgehend so leben wie seit Jahrhunderten. Nach dem Zusammenbruch des politischen Systems wird aus manchen Gegenden eine Renaissance der alten dörflichen Kultur Rußlands gemeldet, die naturgemäß von der Kirche aktiv unterstützt wird.

Zwischen Tradition und Moderne

Immer wieder fällt einem in Rußland auf, daß dieses Land und seine Bewohner einen merkwürdigen Balanceakt zwischen den alten Traditionen und der Moderne mit ihren Anforderungen und technischen Möglichkeiten vollführen.

Wer je erlebt hat, wie sich ganz typische Stadtmenschen an den Wochenenden in wenigen Minuten in einen russischen Bauern verwandeln, der auf seiner *Datscha* ein eigenes Stück Land bestellt, ohne Klagen, ja bewußt ohne Wasser und manchmal sogar ohne Elektrizität auskommt, der fragt sich manchmal, ob dieses Rußland als der konstitutive Teil der früheren Sowjetunion wirklich ein im westlichen Sinne modernes Land ist. Tatsächlich gibt es viele ernstzunehmende Kenner, die dies rundheraus bezweifeln. Historisch gesehen ist Rußland erst sehr spät, praktisch erst zu Beginn unseres Jahrhunderts industrialisiert worden. Aber schon ein Blick auf die Landkarte belehrt darüber, daß diese Industrialisierung nur in ganz wenigen Landesteilen, eigentlich nur in wenigen Städten, stattgefunden haben kann. Mehr als neunzig Prozent des Landes waren im Jahr der Revolution in diesen Prozeß nicht einbezogen und dafür auch historisch gar nicht reif.

Rußland war über Jahrtausende ein reines Agrarland und nicht nur das: Erst 1861 wurde in Rußland offiziell die Leibeigenschaft aufgehoben – tatsächlich endete sie wohl erst mit der bolschewistischen Revolution 1917. Weder hat es in diesem Land eine Aufklärung gegeben, noch entwickelte sich eine handwerkliche Tradition, die, wie im Westen des Kontinents, ein städtisches Bürgertum hätte hervorbringen können.

Wer heute im Theater die wunderbaren Stücke eines Anton Tschechow bewundert, der sollte nicht vergessen, daß gerade sie diese Rückständigkeit Rußlands geißeln. Die Unfähigkeit des russischen Adels, dem Land eine Zukunftsperspektive zu geben und das langsame Dahinvegetieren dieser Schicht auf dem Lande sind letztendlich nur Metaphern für den Zustand Rußlands Ende des 19. Jahrhunderts. Die industriellen Aufbauleistungen einzelner wurden mit ausländischem Kapital nur punktuell in den großen Städten vollzogen, das Volk hatte davon so wenig wie von den handwerklichen Westimporten eines Peter I. Diese eng begrenzten Entwicklungen und der massenweise Rückzug ins Private und die Natur kennzeichnen noch heute einen großen Teil der russischen Gesellschaft. In Jakutsk kann man Manager großer Firmen treffen, die nach Dienstschluß die traditionelle Jägerkleidung anlegen, das Gewehr schultern und in der Taiga auf Pelztierjagd gehen. Sie übernachten wann immer sie können und auf jeden Fall an den Wochenenden im Zelt.

Fast jeder Russe träumt von der Natur als einem natürlichen Lebensraum und sehnt sich nach der traditionellen *Datscha* als Refugium, das ihn vor den Auswüchsen der Zivilisation bewahren soll. Gleichzeitig geht derselbe Russe – gleichsam im Kollektiv – mit eben dieser Landschaft, seiner Natur, so verschwenderisch um, wie sonst wohl nur noch die Amerikaner.

In Nerjungri in Jakutien, einer jener gigantischen Retortenstädte in der Taiga, entsteht seit Jahren ein riesiges Kohleabbaugebiet, wo hochwertige Kohle im Tagebau gewonnen wird. Allein diese Umweltzerstörung in einem nie mehr regenerationsfähigen Dauerfrostgebiet ist kaum zu beschreiben, aber dazu kommt noch die absehbare Hinterlassenschaft dieses Auswuchses einer Industrialisierungsmaßnahme, nämlich eine Geisterstadt nach Beendigung der Kohleausbeutung.

Ähnliches gilt für die Bergwerke in dem riesigen Gebiet Magadan im Osten Sibiriens, die von einem Atomkraftwerk jenseits des Polarkreises gespeist werden. Was hier angerichtet wird, kann man nur aus der Luft erkennen, aber es greift mittlerweile selbst diese unerschöpflich scheinende Landschaftsreserve an. Die Menschen allerdings nehmen dies nur in ihrem unmittelbaren Umfeld zur Kenntnis, da sind sie Traditionalisten, ja fast «Grüne» im Sinne eines Umweltschutzbedürfnisses, das tief in ihrem Volkscharakter begründet liegt. Als handelndes gesellschaftliches Kollektiv indessen huldigen sie einem fast brutalen Fortschrittsglauben, der auf die Ressourcen keine Rücksicht nimmt.

Da sind sie bereit, in Sibirien Flüsse umzuleiten, den Wasserspiegel des Kaspischen Meeres abzusenken oder ein ganzes Binnenmeer, nämlich den Aral-See, versalzen zu lassen.

Der Großartigkeit dieses Landes, seiner Weite und seinem unermeßlichen Reichtum entspricht der davon geprägte Charakter der Menschen. Sie sind freundlich und großzügig, naturverbunden und traditionalistisch, sie lieben ihre Literatur und Kunst wie kaum ein anderes Volk in Europa.

Gleichzeitig aber sind diese Menschen von einer erschreckenden Brutalität in der Durchsetzung wirklicher oder vermeintlicher Ziele, seien diese politischer oder wirtschaftlicher Natur. Dieser Zwiespalt prägt Rußland heute fast mehr als das politische Zwangssystem, unter dem es gestanden hat, und er wurde mit diesem auch keineswegs abgeschüttelt. So ist Rußland noch immer ein Land der extremen Gegensätze, sowohl was seine Landschaft angeht als auch in bezug auf seine Menschen und ihr Verhalten als Einzelwesen und als Mitglieder der Gesellschaft.

Aus der Frühzeit des Russischen Reichs. Links: Abgesandte slawischer Stämme vor Rurik, dem Führer der nordgermanischen Waräger. Im Jahr 862 als Fürst nach Nowgorod berufen, wurde er zum Stammvater des ersten russischen Herrscherhauses. Rechts: Fürst Alexander Newski (1218 – 1263), der Rußland gegen Angriffe aus dem Westen verteidigte. 1240 schlug er an der Newa die Schweden, 1242 auf dem Peipus-See die Ritter des Deutschen Ordens (Fresko, Kreml-Museum, Moskau).

Von der Kiewer Rus zur Sowjetunion

Immer wieder haben Reisende Schwierigkeiten, die Sowjetunion von Rußland zu unterscheiden. Den Sowjetstaat gibt es nicht mehr, Rußland aber erlebt eine Renaissance wie lange nicht mehr in seiner komplizierten und wechselvollen Geschichte. Für Jahrzehnte war dieses Rußland mit der Sowjetunion identisch geworden, schien in ihr aufgegangen zu sein, bis zu dem Punkt, wo Rußland Gefahr lief, seine eigene historische und kulturelle Identität zu verlieren. Die historischen Stätten wirkten fast tot, als hätten sie mit dem Land, von dessen Werdegang durch die Jahrhunderte sie Zeugnis ablegten, gar nichts mehr zu tun. Ob das der

Die *Kiewer Rus* war ein zentralistischer Staat, der sich im 9./10. Jahrhundert durch den Zusammenschluß der ostslawischen Stämme sowie dem Zusammengehen von Kiew und Nowgorod bildete. Dieses Großreich, in dem 988 das orthodoxe Christentum Staatsreligion geworden war, konnte sich jedoch nicht halten. Dynastische Probleme waren für seinen Zerfall im 12. Jahrhundert ebenso verantwortlich wie die Kriege, die mit allen Nachbarn geführt wurden. Neben Kiew waren zwei weitere Zentren entstanden, die nun eigene Fürstentümer bildeten: Nowgorod und Wladimir-Susdal. Die Rivalität der drei Zentren, von denen letzteres den deutlichsten Herrschaftsanspruch bekundete, schwächte das Reich und fachte die Begehrlichkeiten der Nachbarn an.

Links: Dmitri Donskoi (1359–1389) besiegte in der Schlacht bei Kulikowo Polje am oberen Don 1380 erstmals die Tataren (Fresko, Kreml-Museum, Moskau).

Kreml in Moskau war oder das berühmte Höhlenkloster, die Lawra in Kiew, alles war zu Touristenattraktionen verkommen, durch die sich die Russen mit derselben Gleichgültigkeit zu bewegen schienen wie ihre ausländischen Gäste und Besucher. Was sich seit der Blüte der *Kiewer Rus*, der Wiege des russischen Staates im 11. Jahrhundert, getan hatte, war vom Sowjetstaat in ein merkwürdiges Licht getaucht worden, eine Mischung aus Geschichtsklitterung und falscher Glorifizierung. 1988, als man die Tausendjahrfeier der Christianisierung beging, wurde erstmalig seit 1917 wieder so etwas wie ein differenzierteres Geschichtsbild erkennbar, dem sich auch der Staat nicht mehr verweigerte. Tatsächlich steht die Wiege der russischen Staatlichkeit in Kiew, der heutigen Hauptstadt der Ukraine. Die Ukrainer nannte man früher die Kleinrussen, im Gegensatz zu den Weißrussen und den Großrussen, denjenigen, die sich stets als das Staatsvolk verstanden haben, als Träger der historischen und kulturellen Kontinuität.

Die zerstörerische Gefahr indessen kam aus der Tiefe der asiatischen Steppe: Die Nachfolger des Dschingis Chan, vor allem sein Enkel Batu Chan, eroberten große Teile der Rus, nahmen Kiew ein und zwangen die übrigen Fürstentümer zur Tributzahlung. Es sollte zwei Jahrhunderte dauern, bis die Russen das mongolische Joch Ende des 14. Jahrhunderts in der Schlacht auf Kulikowo Polje abschütteln konnten. Der russische Heerführer, Dmitri von Moskau, wird, weil die Schlacht am Don stattfand, seither Dmitri Donskoi genannt.

Ähnlich schmückende und ehrende Beinamen erwarben sich auch andere Militärführer, die die Eroberer schließlich schlagen konnten, wie der Nowgoroder Fürst Alexander, der den Deutschen Ritterorden 1242 in der Schlacht auf dem Peipus-See besiegte und zuvor bereits im Jahr 1240 die Schweden an der Newa vernichtend geschlagen hatte, daher sein Beiname Alexander Newski. In der Zeit nach dem Sieg über die Mongolen blühte

Rechts: Im Winter 1237/1238 fiel Batu Chan, Enkel von Dschingis Chan, in Rußland ein. Das Bild zeigt die Gefangennahme eines Rostower Fürsten durch die Tataren (Emailminiatur von N. Kulandin, 1975).

Links: Iwan IV., der Schreckliche (1530–1584; Gemälde von W. Wasnezow, 1897, STG). Rechts oben: Peter der Große (1672–1725). Bei seinem Besuch in England 1698 interessierte er sich vor allem für den Schiffsbau. Rechts unten: Alexander II. (1818–1881) im Balkankrieg (1877/1878).

Rußland zwar auf, seine staatliche Einheit gewann das Land zunächst aber nicht wieder zurück. Dies geschah erst durch den Moskauer Großfürsten Iwan III., der in der zweiten Hälfte des 15. Jahrhunderts die benachbarten Fürstentümer unterwarf und erneut einen zentralistischen russischen Staat gründete.

Im folgenden Jahrhundert festigte sich dieser Staat unter Iwan IV., der 1547 erstmals den Zarentitel annahm. Sein Territorium erweiterte er vor allem nach Mittelasien, dem Kaukasus und nach Sibirien. Im Westen hatte er durch das Doppelreich Polen-Litauen einen starken und ebenfalls expansiven Rivalen, der gleichsam einen territorialen Sperriegel errichtet hatte, wozu Teile der Ukraine, Weißrußlands und das ganze Baltikum gehörten. Bis zur Wende des 17. zum 18. Jahrhundert und der Regierungszeit Peters des Großen war Rußland von inneren Wirren und Aufständen zerrissen und von äußeren Feinden bedroht. Der Angriff der Polen zu Beginn des 17. Jahrhunderts konnte nur dank einer Bürgerwehr unter einem Kaufmann und einem Fürsten zurückgeschlagen werden. Das Denkmal der beiden, Kusma Minin und Fürst Dmitri Posharski, steht heute auf dem Roten Platz in Moskau.

Eine beispiellose Blüte erfuhr Rußland unter Zar Peter I., der den Staat nach Westen öffnete, Handwerk und Wissenschaft förderte, ihm den Zugang zu den Meeren erkämpfte und die russische Flotte aufbaute. Vor allem aber erhielt das Reich eine neue Hauptstadt – Moskau wurde herabgestuft –, und an der Newa erblühte Sankt Petersburg, das «Venedig des Ostens», wie die Kunststadt in den Newa-Sümpfen genannt wurde.

Peter legte auch den Grundstein für jenen expansionistischen Zentralstaat, dessen innere Struktur trotz aller Anleihen bei den Verfassungen der modernen Staaten Europas unverändert reaktionär blieb. Unter Katharina II., einer deutschen Prinzessin aus dem kleinen deutschen Fürstengeschlecht von Anhalt-Zerbst, die, hochgebildet, mit Voltaire und Diderot Kontakt pflegte, wurden dem Adel weitere Privilegien zugestanden, die Leibeigenen dafür ihrer letzten Rechte beraubt: Die Bauern konnten von ihren Gutsherren wie Vieh verkauft werden.

Die merkwürdige und faszinierende Doppelgesichtigkeit Rußlands als Staat, der immer wieder zu großen Leistungen fähig war und sich dem Westen und seinen Errungenschaften durchaus zu öffnen verstand, gleichzeitig aber nach innen Herrschaftsformen von rückwärtsgewandtem Absolutismus hervorbrachte, liegt vor allem in den Perioden Peters und Katharinas begründet.

Im 19. Jahrhundert, als die westlichen Staaten auf Industrialisierung und Modernisierung setzten, erholte sich Rußland nicht von einer der größten historischen Anstrengungen, nämlich der Zurückschlagung der napoleonischen Aggression. Das Land sank weit zurück und verpaßte endgültig den Anschluß an die Moderne. Seine herrschenden Schichten, allen voran der Adel, preßten das Letzte aus den Bauern heraus, die zwar seit 1861 nicht mehr leibeigen waren, deren Los sich aber kaum verbessert hatte. Das Geld wurde nicht etwa in Rußland investiert, sondern an der französischen Riviera ausgegeben oder an den Spieltischen von Monte Carlo und Baden-Baden verloren.

Diesem Rußland, das auf der einen Seite immer tiefer in Armut und Rückständigkeit versank, auf der anderen Seite eine Blüte seiner Literatur erlebte, versetzte der Erste Weltkrieg endgültig den Todesstoß. Noch bevor die Bolschewiki das marode Staatsschiff übernahmen, dankte der letzte Romanow-Zar ab, ohne daß sein Land bereit gewesen wäre, die inneren Kräfte für eine Demokratie zu mobilisieren.

Von da an ist die Geschichte Rußlands die Geschichte der Sowjetunion. Das Land, Rußland, hat sich in dieser kürzesten Periode seiner Staatlichkeit mehr und radikaler verändert als je zuvor in seiner Geschichte, und dennoch ist es Rußland geblieben, hat es mit einer beispiellosen Zähigkeit seine Identität verteidigt.

Links: Katharina II., die Große (1729–1796).
Rechts oben: Der Handel mit Leibeigenen, der hier auf dem Gemälde «Das Feilschen» dargestellt wird, war bis 1861 üblich (Gemälde von N. Newrew, STG).
Mitte unten: Nikolaus II. (1868–1918), der letzte russische Zar.
Rechts unten: Zar Nikolaus I. (1796–1855).

49

Links: Der Rußlandfeldzug Napoleons I. im Jahr 1812 endete in einer Katastrophe: Nur 30 000 der rund 500 000 Soldaten seiner «Grande Armée» überlebten die Niederlage an der Beresina und den Rückzug mitten im russischen Winter (Aquatintablatt, um 1812).

Die ungleichen Metropolen Sankt Petersburg und Moskau

Nun heißt sie wieder Sankt Petersburg, von ihren Einwohnern wie eh und je «Pitr» genannt, die weiße Stadt an der Newa, die ihre Existenz dem autokratischen Willen von Zar Peter I. verdankt, dessen Namen sie trägt. Die Sowjetmacht hatte nach dem Tod ihres Gründers aus dem heiligen Sankt Petersburg Leningrad gemacht, eine der zahlreichen Namensänderungen zugunsten der bolschewistischen Nomenklatura, die das Volk nur widerwillig und oft gar nicht akzeptierte. Die heimliche Hauptstadt Rußlands war für die Russen ohnehin immer Moskau geblieben, das von Peter, dem was übrigens Tausenden und Abertausenden von Menschen, Leibeigenen, das Leben gekostet hat. Vom Sumpf zeugen noch heute die Kanäle, die die Stadt durchziehen und ihr den Namen «Venedig des Ostens» eingetragen haben. Wer immer als Reisender nach Sankt Petersburg kam, war spontan begeistert, während Moskau bei vielen eher Ablehnung auslöste. Der berühmte Astolphe de Custine, der im frühen 19. Jahrhundert Rußland bereiste, notierte beim Anblick dieses Herzens des Landes: «Moskau, von Außen und im Ganzen gesehen, ist eine Sylphen-Schöpfung, eine Welt von Chimären; in der Nähe und im einzelnen aber eine große, ungleiche, staubige, schlecht gepflasterte, schlecht gebaute, nicht volkreiche Handelsstadt, welche allerdings von dem Werke einer

Mitte: Die Schlacht in den Karpaten (1914/1915) im Ersten Weltkrieg, in dem Rußland auf der Seite Serbiens gegen Österreich kämpfte (zeitgenössischer Bilderbogen).

«Westler», entehrt worden war. In Moskau, so die feste Überzeugung, schlug immer das Herz des Landes und das Zentrum des Reichs war stets der Kreml, nicht das Winterpalais, in dem seit Peter die Zaren residierten.

Vergleicht man die beiden Städte, so kann auch heute an ihrem unterschiedlichen, ja völlig gegensätzlichen Charakter kein Zweifel bestehen. Moskau ist, abgesehen vom Kreml, eine Stadt ohne bewußte architektonische Gestaltung. Es ist über die Jahrhunderte gewachsen, hat sich nach zahllosen Bränden, die die früher aus Holz gebaute Stadt oft bis auf die Grundmauern zerstört haben, immer wieder aufgerichtet, ist wieder und wieder neu entstanden.

Sankt Petersburg dagegen sieht in seinem Kern noch heute so aus, wie von seinem Gründer geplant und von den zahlreichen, meist italienischen Architekten ausgeführt. Ihren südländischen Charakter verdankt die Stadt aber nicht nur diesem Umstand, sondern vor allem der Tatsache, daß sie auf Sumpf entstanden ist, mächtigen Hand, aber auch von dem Gedanken eines Kopfes zeugt, dem die Idee des Schönen abging und der allein kein Meisterwerk hervorbringen konnte. Das russische Volk besitzt Körperkraft, die Macht der Phantasie geht ihm ab.»

Das harsche Urteil des Franzosen muß man nicht teilen, auch nicht im Hinblick auf Moskau, der Stadt der tausend Kirchtürme, die selbst für Custine einen Glanz erzeugten, der die Stadt wie ein Heiligenschein überstrahlte. Wahrscheinlich liegt hierin auch der eigentliche Unterschied zwischen den beiden ungleichen Städten: Während Moskau durch die unzählbaren goldenen Zwiebelkuppeln der Kirchen geprägt ist, wird Sankt Petersburg von seiner weltlich-imperialen Architektur, von Plätzen und Palästen beherrscht. Die mächtige Kuppel der Isaaks-Kathedrale – dem drittgrößten Kuppelbau der Welt – will so gar nicht zu den klassischen russischen Kirchtürmen passen und die Nadeltürme der Admiralität und der Peter-Paul-Festung suchen in ganz Rußland ihresglei-

genannten Goldenen Rings, in Jaroslawl, Sergijew Possad (von 1930–1991 Sagorsk genannt), Wladimir und Susdal.

Gleichwohl besticht Sankt Petersburg mit seinem geschlossenen, wie aus einem Guß wirkenden Architekturensemble. Die von italienischem Geschmack geprägten Bauten, allen voran die Admiralität, der Alexander-Platz mit dem Winterpalais und dem Triumphbogen auf der einen Seite der Newa, sowie die Peter-Paul-Festung auf der anderen, haben kaum etwas Russisches, sondern sind frühe und rare Zeichen einer neuen Weltläufigkeit, einer mit Gewalt durchgesetzten Öffnung nach Westen.

Wer beide Städte heute nacheinander besucht, wird immer noch den Gegensatz spüren, auch wenn die Jahrzehnte der kommunistischen Plattenbauweise beiden Städten unübersehbare Wunden geschlagen haben. Aber immer noch ist Sankt Petersburg die nach Westen orientierte Hafenstadt, eleganter und lebendiger als das schwer an der Bürde der Hauptstadt tragende Moskau. Die dritte Stadt im Bunde, Kiew, wo eigentlich die Wiege Rußlands als Staat gestanden hat, wird heute kaum noch wahrgenommen, sie gilt vielen bereits als die Hauptstadt eines ausländischen Staats. So muß weiterhin das nördliche Sankt Petersburg das südliche Flair vermitteln, das in Kiew so natürlich vorhanden ist wie in Rom.

Eins aber ist ganz auffällig: Sankt Petersburg und Moskau haben sich trotz dem steten Druck gegen die Gleichmacherei der Sowjetarchitektur erfolgreich gewehrt und ihren eigenständigen Charakter bewahrt. Das ist vielen anderen Städten Rußlands nicht gelungen, die sich heute unterschiedslos in eine graue Kette von uninteressanten Städten einreihen, denen jegliche Individualität ausgetrieben zu sein scheint.

Mitte oben: Fünf Tage lang dauerte der Brand von Moskau im September 1812, durch den Napoleons Truppen zum Abzug gezwungen wurden; vermutlich war er von den Einwohnern selbst gelegt worden.

chen. Der Vorwurf, «westlich» zu sein, der Sankt Petersburg von Anfang an gemacht worden ist, beinhaltet denn auch die Kritik, «gottlos» zu sein, vielleicht das Schlimmste, was einem Russen, sei er Herrscher oder einfacher *Muschik*, Bauer, nachgesagt werden konnte.

Die enge Verbindung zwischen Kirche und Thron, die bezeichnenderweise zuerst und am nachhaltigsten von Zar Peter in Frage gestellt worden ist, kommt nirgends so offensichtlich zum Ausdruck wie im Moskauer Kreml. Die gewaltige Festungsanlage wird nicht nur von den Türmen seiner zahlreichen Kirchen überragt, sie sind praktisch der Kreml. Der Platz der Kathedralen ist das vielleicht eindrucksvollste Kirchenensemble der Welt, an das sämtliche weltlichen Bauten, die es umgeben, auch wenn es höchst eindrucksvolle Zarenpaläste sind, nicht heranreichen. Nach dem Moskauer Vorbild sind überall im Lande größere oder kleinere Kreml entstanden, die schönsten in den Städten des so-

Rechts: Vor dem Smolny-Institut in Sankt Petersburg, dem Hauptquartier der russischen Revolution, verkündete Lenin am 26. Oktober 1917 die Machtübernahme durch die Sowjeträte.

Fortsetzung Seite 65

IM RUSSISCHEN NORDEN

Neugarten, das große, wo vor Zeiten die russischen Fürsten Stuhl und Hofhaltung gehabt,
heißt russisch Nowogorod, das wäre Neustadt oder Neuburg. Denn, wie vorhin
gesagt, was umschlossen oder befestigt ist, heißen sie Gorod. Es ist eine große, weite Stadt,
gleichwohl nur ein Teil umschlossen. Der Fluß Wolchow fließt hindurch, der aus
dem See Ilmen zwei Werst oberhalb der Stadt entspringt; er ist fischreich und fällt in einen
See, vor alters Newa genannt, jetzt aber nennt man ihn nach dem Städtchen, das
dabei liegt, Ladoga.

Sigmund von Herberstein

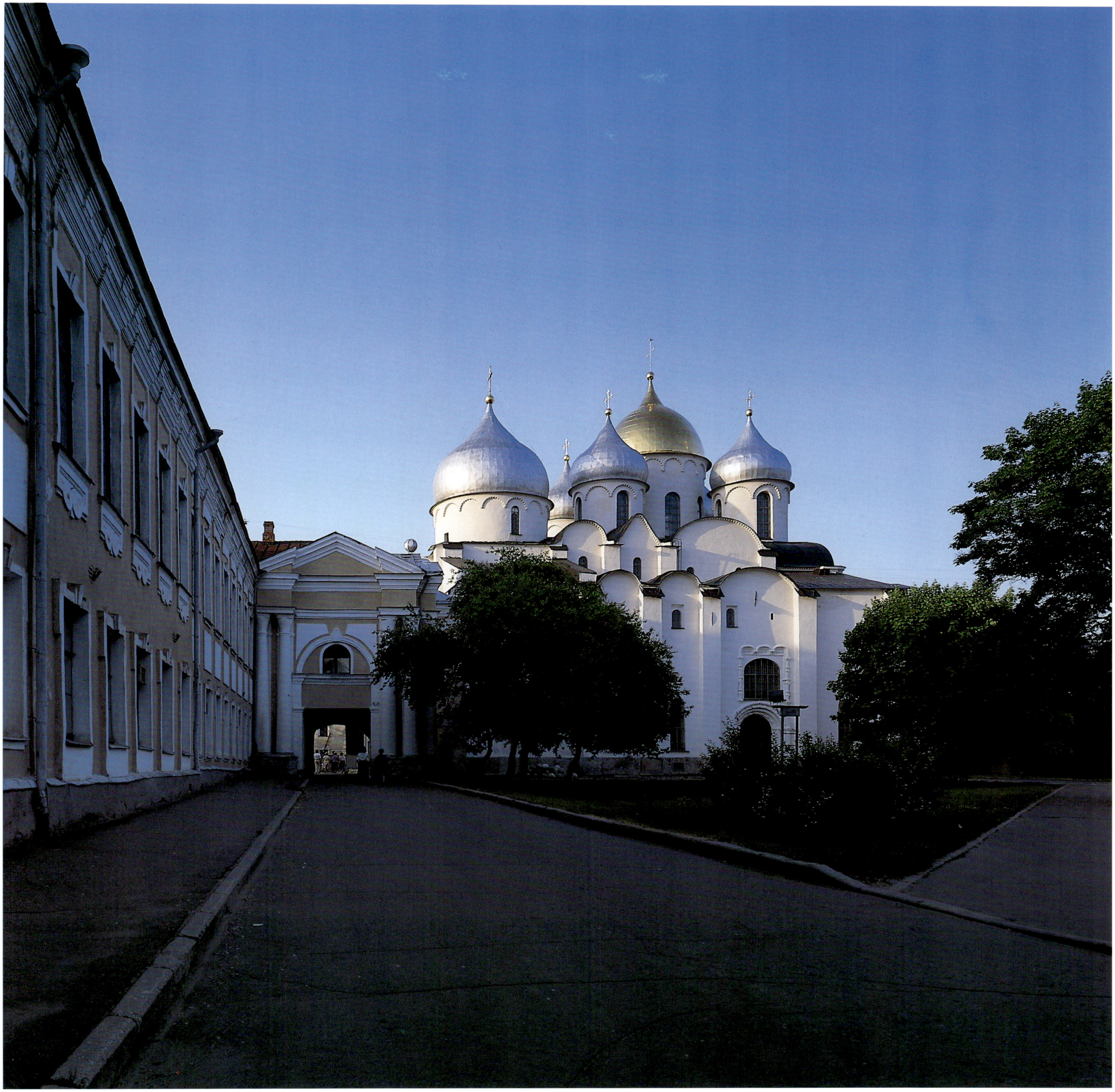

◁ NOWGOROD *Im Zentrum des Kreml erhebt sich die von 1045 bis 1052 errichtete Sophienkathedrale, das Wahrzeichen Nowgorods. Vorbild für die fünfschiffige Kreuzkuppelkirche war die berühmte gleichnamige Kathedrale in Kiew.*

PSKOW *Die Epiphanias-Kirche von Sapskowje, 1496 im typischen schlichten Pskower Baustil errichtet. Am anderen Ufer der Welikaja liegt der hier Krom genannte Kreml mit der Dreifaltigkeitskathedrale.*

AN DER PLJUSSA *Unberührte Flußlandschaften und die riesigen Nadelwälder der Taiga sind einer der Reichtümer Rußlands. Im Bild die Pljussa zwischen Nowgorod und Pskow.*

AM ILMENSEE *Der Sänger Sadko, so die Legende, freite die Tochter des Seekönigs vom Ilmensee. Als er sich jedoch vor Sehnsucht nach der Sonne verzehrte, ließ die Prinzessin ihn ziehen. Die Tränen aber, die sie ihm nachweinte, fließen als Wolchow-Fluß nach Nowgorod.*

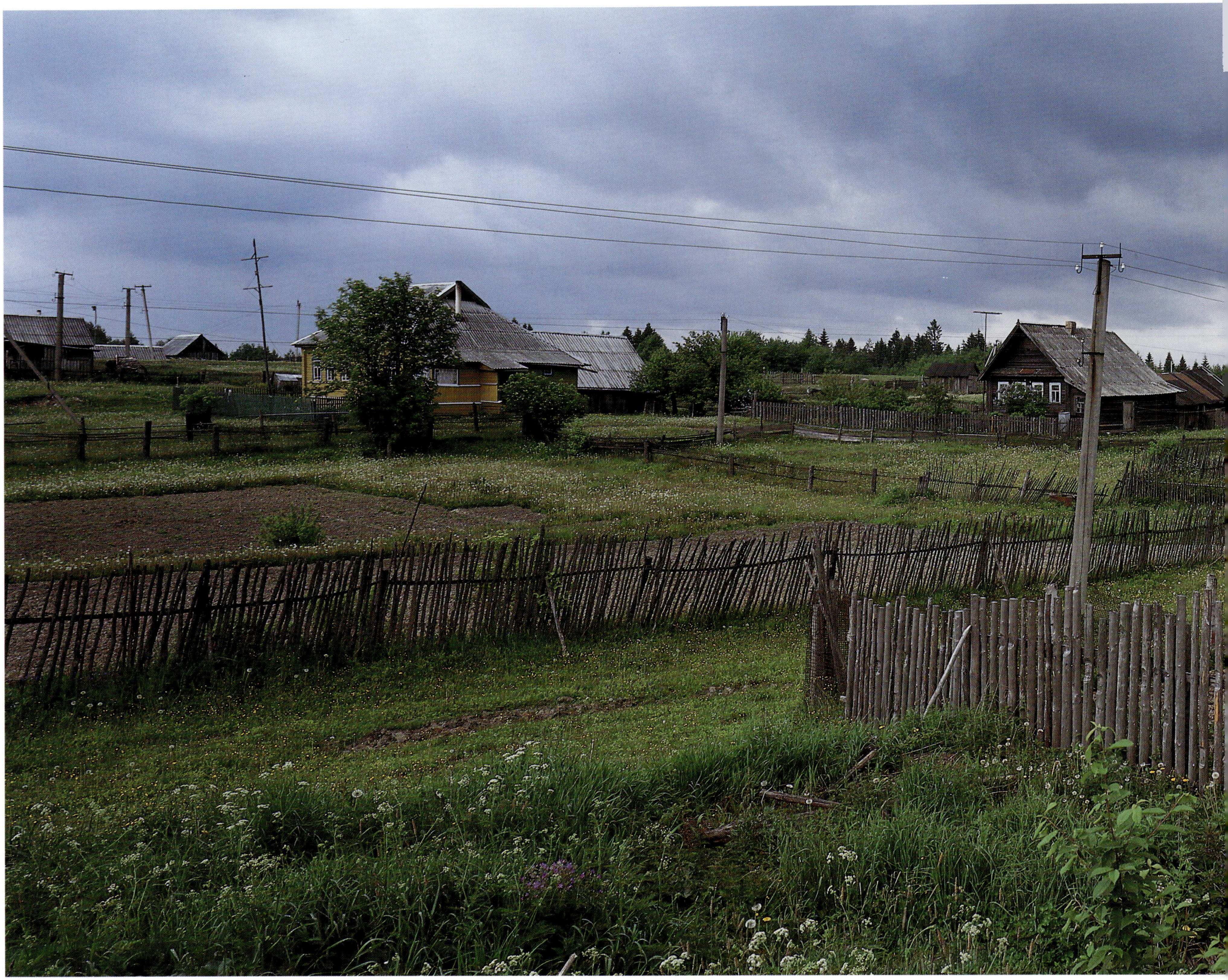

DORFLEBEN *In Kushenkino auf den Waldai-Höhen: Nach wie vor hat das ländliche Leben in Rußland große Bedeutung. Die Gärten der Bauern liefern die für den eigenen Bedarf und den Verkauf wichtigen Produkte wie Gemüse und Früchte.*

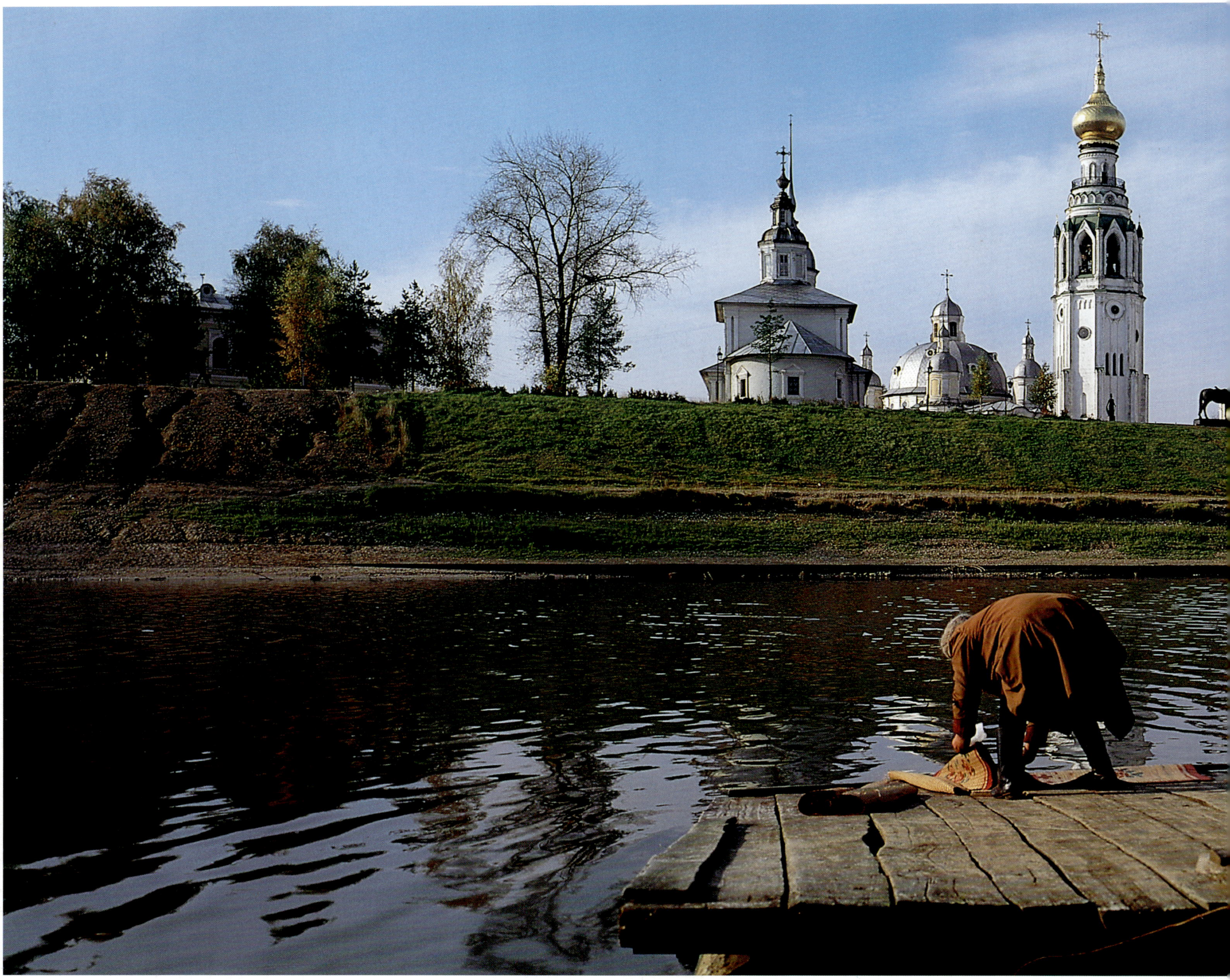

WOLOGDA *Dank ihrer zentralen Lage an der Wolga schenkten die Zaren Iwan IV. und Peter I. der Stadt Wologda ihre besondere Aufmerksamkeit.* *1568 wurde mit dem Bau der Kremlmauern und der Sophienkathedrale (rechts) begonnen.*

WOLOGDA Am Stadtrand von Wologda erhebt sich das 1370 von Dmitri Priluzki gegründete Erlöser-Priluzki-Kloster. Die Mariä-Himmelfahrts-Kirche aus dem frühen 16. Jahrhundert (links) ist ein Meisterwerk russischer Holzbaukunst.

Die imposanten Türme des Nowgoroder Kreml auf der sogenannten Sophienseite des Wolchow-Ufers.

An den Glockenstuhl (links) reihen sich die fünf Kuppeln der Sophienkathedrale mit dem Treppenturm.

NOWGOROD ▷

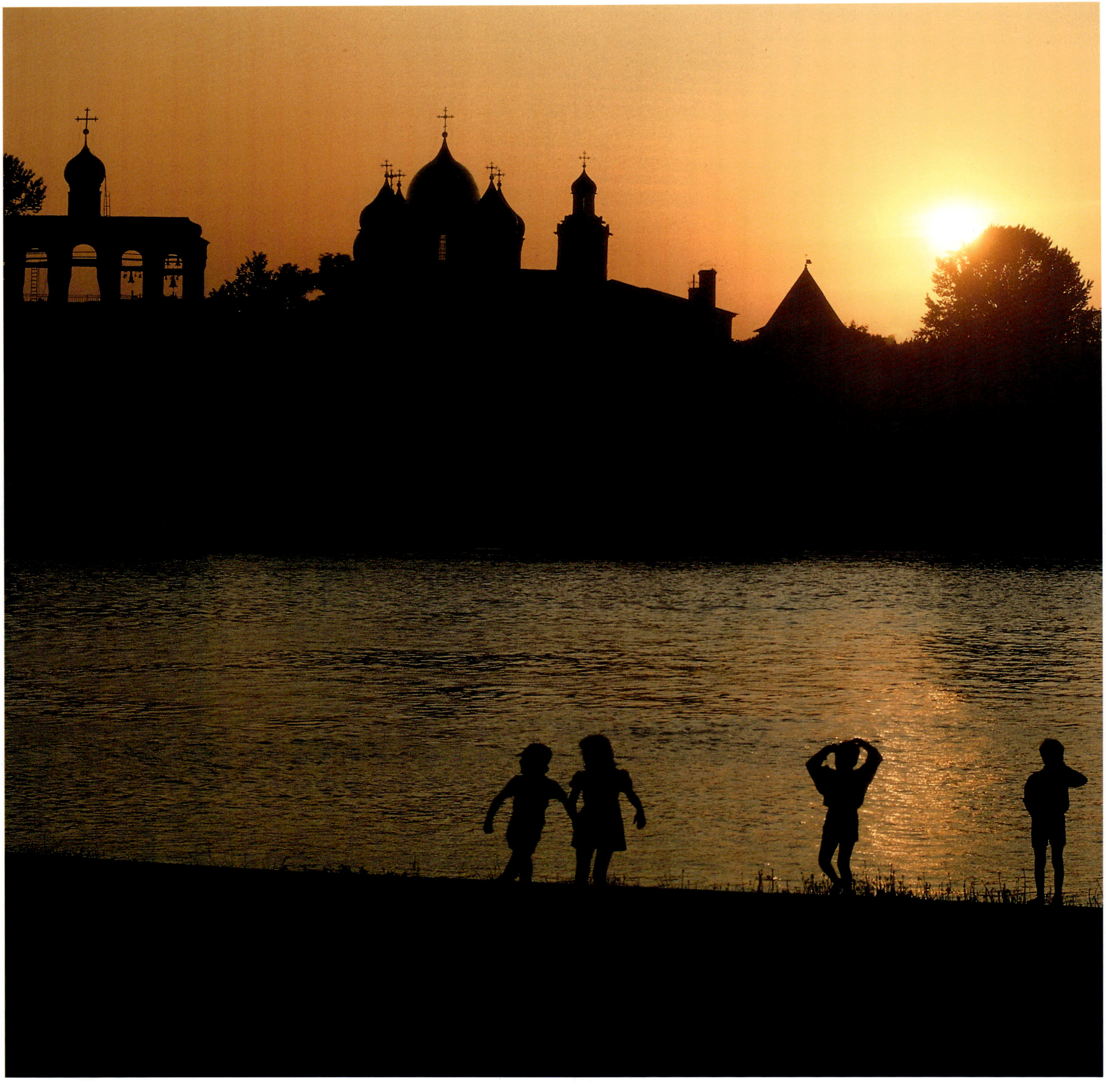

Rußlands Vielfalt

Rußland ist noch lange nicht Rußland. Auf dem Territorium des neuen Staats «Russische Föderation (Rußland)» leben rund einhundert Völkerschaften. Manche von ihnen, wie die Tschetschenen und Inguschen, haben sogar eine gewisse staatliche Autonomie. Ethnisch gesehen ist dieses Land ein wahrer Flickenteppich, dessen Farbenpracht noch dadurch erhöht wird, daß überall Menschen aus den anderen ehemaligen Sowjetrepubliken leben. Im fernen Sibirien trifft man unter den Arbeitern in den Kohlegruben viele Ukrainer, die dort für ein paar Jahre arbeiten und sich dann mit dem Ersparten in der südlichen Heimat ein Häuschen kaufen wollen. In der Kältekammer des Reichs, in Jakutien, wo der nördliche Kältepol der Welt liegt, arbeiten Menschen aus den mittelasiatischen Republiken, und Moskau ist ohnehin Hauptstadt eines wirklichen Vielvölkerstaats.

Im äußersten Norden des Kontinents auf der Tschukotka, einer Halbinsel gegenüber Alaska, leben die Tschukschen und die «sowjetischen» Eskimos, wie sie sich früher ein wenig selbstironisch nannten. Unter ihnen ging ein allerdings eher bitterer Witz um: «Hätte Zar Alexander den Amerikanern doch nicht nur Alaska sondern gleich auch die Tschukotka mit verkauft, so wehte über unseren Köpfen heute das Sternenbanner.»

Aber das Leben fernab von Moskau verläuft auch ohne dies ganz anders als im europäischen Teil des Landes. Überhaupt merkt man erst außerhalb Moskaus, daß Rußland ein euro-asiatisches Land ist, das die Brücke zwischen Europa und Asien darstellt. Am Grenzfluß zu China, dem Amur, an dem es über Jahrzehnte immer wieder Kämpfe und Scharmützel gegeben hat, ist Europa unendlich fern und Asien zum Greifen nahe. In Magadan, dem Verwaltungszentrum des Stalinschen Gulags am Ochotzkischen Meer fühlt sich nicht nur der europäische Reisende verlassen, auch die hier lebenden Menschen haben das Gefühl, auf einem verlorenen und vergessenen Posten auszuharren. Am buchstäblich anderen Ende der Welt, auf der Insel Nowaja Semlja nahe am Nordpol, existiert wieder ein ganz anderes Rußland, und zwar das moderne, technologische Rußland, das seine ganze wissenschaftliche Kapazität einsetzt, um den Amerikanern einen kleinen Schritt voraus zu sein. Daß dieses Land zwar seine Dörfer noch immer nicht elektrifiziert hat, aber in Bilibino, jenseits des Polarkreises, ein Atomkraftwerk auf Dauerfrostboden bauen konnte und auf der Tschukotka, im ewigen Eis, riesige Wasserkraftwerke konstruiert und baut, das ist fast unbegreiflich und gehört zu den Gegensätzen, die dieses Land prägen.

Erkauft wird dieser Fortschritt auch heute noch mit einem ungeheuren Einsatz von Menschen. Ströme von Arbeitern sind nach Sibirien gelockt worden, um diese Schatzkammer Rußlands auszubeuten. Viele von ihnen sind dort umgekommen, aber auch von den Überlebenden kehren nur die wenigsten zurück «auf den Kontinent», wie sie den europäischen Teil Rußlands hier nennen. Das ist nur allzu verständlich, lebt man doch in Sibirien und im fernen Osten Rußlands ein gänzlich anderes Leben als irgendwo sonst in diesem Staat. Ethnische Gegensätze verlieren in der rauhen Landschaft ihren Sinn und ihre Brisanz. Eine Obrigkeit existiert nur ansatzweise, es regiert das Gesetz des Überlebens, und das trifft eine harte, gnadenlose Auslese. Wer jedoch in der zweiten Generation in diesen Weiten lebt, der kann sich bereits eine Rückkehr in die «Zivilisation» gar nicht mehr vorstellen. Diese «Sibiriaken» sind ein wirklich neuer, sympathischer und vor allem ehrlicher Menschenschlag, auf den Rußland stolz sein kann.

Aber die Zivilisation breitet sich in diesem Land immer weiter aus. Eine Reise an den sibirischen Baikal-See, das größte Süßwasserreservoir der Erde, gehört heute immer noch zu den großartigsten Erlebnissen, die Rußland zu bieten hat. Der See, circa fünfzig Kilometer von Irkutsk gelegen, erreicht in seiner größten Ausdehnung sechshundert Kilometer und ist an seiner tiefsten Stelle fast zweitausend Meter tief. Noch immer kann man in weiten Teilen des Sees das Wasser trinken, aber schon gibt es Anzeichen dafür, daß selbst dieses Juwel den Folgen der Zivilisation zum Opfer fallen wird. Trotz jahrelanger Proteste der Umweltschützer, angeführt von dem russischen Schriftsteller Walentin Grigoriewitsch Rasputin, ist es nicht gelungen, zwei Zellstoffkombinate, die ihre giftigen Abwässer in den See leiten, stillzulegen. Von den dreihundert Flüssen, die den See speisen, führen einige, vor allem die, die aus China kommen, bereits soviel Abwässer mit sich, daß das ökologische Gleichgewicht des Sees in einigen Bereichen in Gefahr ist. So wird langsam selbst das Bewußtsein jener Menschen geschärft, die bisher geglaubt hatten, im ewigen Kreislauf der Natur zu leben und dort gegen die Risiken der modernen Welt gefeit zu sein. Ob das die Kraftwerke auf der Tschukotka, die Atomtests auf den Eismeerinseln oder die Industrialisierung auf Sachalin und Kamtschatka sind, selbst der unendlich scheinende Naturreichtum Rußlands ist nicht unerschöpflich, wie man mittlerweile mit dem bloßen Auge erkennen kann.

Land der Flüsse und Meere

Die ungeheure Landmasse, die Rußland ausmacht, läßt einen leicht vergessen, daß dies ein Land mit gewaltigen Flüssen, Seen, Binnenmeeren und langen Küsten ist. Man kann in Rußland an die Eismeerküste fahren und in Sotschi am Schwarzen Meer in der Sonne liegen. Russische Schiffe laufen von Magadan in das Ochotzkische Meer aus oder von Petropawlowsk-Kamtschatski in den Stillen Ozean. Zar Peter der Große führte seine erbittertsten Kriege gegen die Schweden um den Zugang zur Ostsee, und der angebliche russische Drang zu den «warmen Meeren» durchzieht die Geschichte als immerwährende Angst vor dem Moskauer Expansionismus.

Wie gigantisch die Wasserreserven dieses Landes sind, zeigte sich an einem der absurdesten Bewässerungsprojekte der Geschichte: Der ungeheure Wasserbedarf des Südens, wo eine intensive Landwirtschaft, vor allem in Monokultur, betrieben wird, brachte die sowjetischen Ingenieure auf die Idee, sibirische Flüsse nach Süden umzuleiten. Jahrzehntelang wurde an diesem Projekt

Links: Leo N. Tolstoi (1828–1910), Verfasser der großen Romane «Krieg und Frieden» und «Anna Karenina», Spiegelbilder der Moskauer und Petersburger Gesellschaft (Gemälde von N. Gay, um 1890, SRM).

gearbeitet und die Bautermine für das Jahrhundertprojekt standen bereits in den siebziger und achtziger Jahren fest. Welche ökologischen Folgen diese Umleitungen gehabt hätten, ist unvorstellbar. Aber Wissenschaftler und die ersten Bürgerinitiativen in der UdSSR stoppten schließlich das Unternehmen, nachdem selbst der Staat einsehen mußte, daß die Risiken unkalkulierbar waren.

So kann man auch heute noch auf der Wolga gen Süden fahren, kann in den wenigen Sommerwochen auf der sibirischen Lena, einem der größten Flüsse der Erde dahingleiten oder kann beobachten, wie die Angara, der einzige Abfluß aus dem Baikal-See, ihre Wassermassen durch Irkutsk bewegt – majestätisch ist für diese Flüsse der einzig richtige Ausdruck. Vor allem die sibirischen

Fahrt auf diesem Strom leitet den Reisenden durch Rußland, ja, man kann sagen, durch das Herz des Landes.

Es ist vielleicht ein Stück Nostalgie dabei, aber wer in Rußland nie einen der großen Flüsse mit dem Schiff bereist hat, dem ist eine wesentliche Dimension dieses Landes entgangen. Die Geschwindigkeit des dahinfließenden Wassers entspricht vermutlich dem Lebensrhythmus dieses Landes und seiner Menschen. Daß alle bedeutenden Städte des Landes an Flüssen liegen, unterscheidet Rußland nicht von anderen Staaten, es entspricht einfach der Tatsache, daß die Flüsse seit alters her Lebensspender und Handelswege gleichermaßen gewesen sind, an deren Ufern die ersten Siedlungen entstanden.

Mitte: Alexander S. Puschkin (1799–1837) gilt als der Begründer der modernen russischen Lyrik (Gemälde von O. Kiprensky, Öl auf Leinwand, 63 x 54 cm, STG). Rechts: Iwan S. Turgenjew (1818–1883), der vor allem mit seinem Roman «Väter und Söhne» in die Literaturgeschichte einging.

und fernöstlichen Flüsse Rußlands sind noch in einem weitgehend natürlichen Zustand. Sie sind im Sommer Wasseradern und Verkehrswege für Schiffe und Boote. Im Winter werden sie zu Eisstraßen, auf denen heute Lastkraftwagen oder Motorschlitten fahren, ja manchmal sogar Flugzeuge landen können. Lange Zeit war der Amur im fernen Osten, der Grenzfluß zwischen China und Rußland, wegen teilweise blutiger Konflikte unpassierbar gewesen. Heute wird auch auf dem Amur wieder Handel zwischen Rußland und China getrieben, und der Strom hat seine alte, verbindende Funktion zum Teil zurückerhalten.

Die Wolga hingegen, der gewaltige Fluß, der das europäische Rußland von Nord nach Süd durchzieht, ist seit altersher ein Fluß, an dessen Ufern sich Menschen angesiedelt haben, auf dem Waren transportiert wurden und dessen Wasser die Ebenen jenseits seiner Ufer fruchtbar machten. Diese Funktion hat die Wolga, Rußlands charakteristischster Fluß, bis heute nicht verloren. Eine

Rußland, deine Dichter

Kein Land der Welt, so ein offenbar unerschütterlicher Glaube, liebt seine Dichter so wie Rußland. Es baut ihnen Denkmäler, wo immer sich ein Platz dazu anbietet, nennt Städte, Plätze und Straßen nach ihnen und verbreitet ihre Bücher in Millionenauflagen. Verfilmungen der Klassiker, wie etwa Tolstois «Krieg und Frieden» werden sorgfältig und möglichst originalgetreu inszeniert. Und die Menschen kennen die Werke ihrer Dichter wirklich. Selbst heute, wo man im Fernsehen amerikanische Comics zeigt und der Puschkin-Platz in Moskau durch eine McDonald's-Reklame verunziert ist, kann fast jeder Russe einen Vers von Puschkin zitieren, Lermontow deklamieren, sind ihm die Lebensdaten Gogols selbstverständlich präsent.

Die Ironie der politischen Geschichte will es, daß die russische Kultur und Literatur schon früh bis in den letzten Winkel des Reiches getragen wurden – nicht immer freiwillig. Wer auf dem Weg zum Baikal-See durch Irkutsk kommt, sollte nicht versäumen, sich dort die Häuser einiger Dekabristen anzusehen, etwa dasjenige der Wolkonskis. Diese Elite des russischen Adels hatte Mitte des 19. Jahrhunderts zu früh eine Liberalisierung des erstarrten zaristischen Systems gefordert. Sie wurden verbannt und mußten in Sibirien ein kärgliches Leben führen. Aber wie diese jungen Männer mit ihren schönen und gebildeten Frauen dies bewältigten! Ihre meist mit eigenen Händen gebauten Holzhäuser zeugen von ihrer kultivierten Lebensart und ihrem Willen, nicht zu verrohen. So initiierten sie literarische Zirkel, gaben musikalische Soireen, gründeten Schulen und legten die Grundsteine für Universitäten.

mal in der Nähe des Guts ist selbstverständlich immer mit frischen Blumen geschmückt, ebenso wie dasjenige Tolstois in Jasnaja Poljana, dem Landgut des genialen Prosaikers zweihundert Kilometer südwestlich von Moskau, wo er unter einem schlichten Stein begraben liegt.

Die große Verehrung ihrer Dichter ist für die Russen in der Tat mehr als nur Interesse an der Literatur. Das Russentum fand seine Erfüllung immer stärker in der Religion der russisch-orthodoxen Kirche und in der Literatur als im Staat. Der Staat, das war eigentlich der Zar, fern aber abstrakt, der Autorität der Kirche näher als dem Volk. Die Anrede «Väterchen», für den Popen wie für den Zaren und jede Respektsperson früher gebräuchlich, hat durchaus

Links: Maxim Gorki (1868 – 1936), bahnbrechend für den Stil des «sozialistischen Realismus» (Foto, um 1906). Mitte: Nikolai N. Gogol (1809 – 1852), bekannt etwa durch die groteske Komödie «Der Revisor» (Lithographie von A. Wenezianow, 1834).

Die Plätze, an denen die Dichter und Musiker Rußlands gelebt und gewirkt haben, sind auch von der Sowjetmacht nicht angetastet worden – im Gegenteil. Lenin stellte beispielsweise in einem seiner ersten Dekrete Stätten nationaler Kultur unter besonderen Schutz. So erwarb der Staat das Gut Puschkins, Michailskoje, in der Nähe der schönen alten russischen Stadt Pskow. Noch heute scheint hier die Zeit stehengeblieben zu sein. Das eigentlich bescheidene Gutsgebäude ist original erhalten und in einer sympathischen Art und Weise zu einem Museum umgewandelt worden. Überall im Land hat man Wohnungen und Häuser von Dichtern und Musikern zu sogenannten «Wohnungsmuseen» umgestaltet, in denen man oft das Gefühl hat, der frühere Bewohner komme jeden Augenblick zur Tür herein. In Michailskoje reißt der Strom der Besucher nicht ab. Nur im Winter versinkt das Gut in einen Heilschlaf, und dann muß es hier aussehen wie zu Puschkins Verbannungszeiten, die er in Michailskoje verbracht hat. Sein Grab-

nichts Familiäres, Anbiederndes, sondern ist der Ausdruck eines ursprünglichen, durch nichts zu erschütternden Respekts.

Die Dichter indessen waren dem Volk nahe, sie besangen das Volk und kündeten von der Größe Rußlands, einer Größe, die unabhängig von Zar und Kirche existierte. Diese Verehrung hat etwas damit zu tun, daß es in Rußland keine Aufklärung im westlichen Sinn gegeben hat und sich auch keine Stadtkultur hat bilden können. Im bäuerlichen Rußland standen die Dichter gleichsam zwischen Zar und Kirche und dem Volk. So haben sie sich auch noch während der Revolution und vor allem in den vorrevolutionären Jahren selbst definiert. Die Russische Avantgarde, Majakowski, Malewitsch und ihre radikalen Mitstreiter wollten die Kultur nahe ans Volk heranbringen, sie endgültig von ihrer zweiten Verankerung, im russischen Adel nämlich, lösen.

Die russische Literatur hat auf die gesellschaftlichen Veränderungen immer besonders sensibel und vorausschauend reagiert, der

Rechts: Fjodor M. Dostojewski (1821 – 1881), zu dessen Hauptwerken der Roman «Schuld und Sühne» gehört. Zentrale Themen seiner Werke sind metaphysische und psychologische Fragen der menschlichen Existenz (Fotogravüre nach einem Gemälde von W. Perow, 1872).

Links: Anna Pawlowa (1881–1931), die große Tänzerin, Primaballerina des russischen Balletts. –

herrschende Adel hat dies, soweit er Literatur überhaupt zur Kenntnis nahm, erstaunlich gelassen hingenommen. Tschechows Stücke beispielsweise hielten dem russischen Adel in einer Weise den Spiegel vor, daß sie als vergleichbare Karikaturen in Deutschland wohl der Zensur zum Opfer gefallen wären. Die Bauernepen des Grafen Tolstoi und seine gnadenlosen Sittengemälde des in den napoleonischen Kriegen versagenden Petersburger Adels sind Huldigungen an die Leidensfähigkeit und Größe des russischen Volks. Die Verse Lermontows schließlich sind, ähnlich wie die Texte von Wyssozki unter dem kommunistischen Regime, fast Hilferufe an das Volk, Werben um Anerkennung und Aufnahme in seine Reihen.

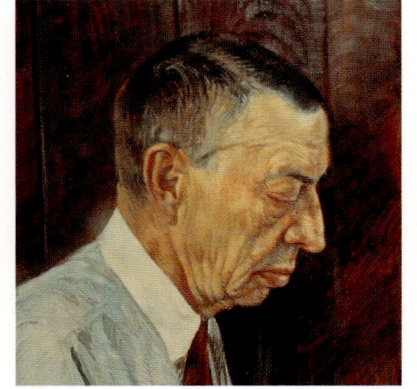

Komponisten des 19. Jahrhunderts. Mitte, von oben nach unten: Modest P. Mussorgski (1839–1881); Sergej W. Rachmaninow (1873–1943); Michail I. Glinka (1804–1857). Rechts, von oben nach unten: Alexander P. Borodin (1833–1887); Peter I. Tschaikowski (1840–1893); Nikolai A. Rimski-Korssakow (1844–1908).

Die Verehrung ihrer Dichter, der Hunger nach Kultur, der sich in stets ausverkauften Konzerten und Theatern ausdrückt, ist nicht nur das Ergebnis von Mangel, es ist wirklich ein Bedürfnis eines auch heute noch bäuerlichen Volks nach Veredelung durch den Geist. Dieser Funktion kommen auch die Schriftsteller der Moderne nach. Ein Mann wie Alexander Solschenizyn beispielsweise ist in Rußland eine literarische und moralische Autorität, die weit über den Politikern steht. Es waren immer die Dichter, die ein wahres Abbild ihrer Zeit schufen, wie sehr es auch von der Geschichte verdunkelt war. Bulgakows Chronik des stalinistischen Systems in «Der Meister und Margarita» war über Jahrzehnte ein Kultbuch nicht nur der Moskauer Intelligenzia, sondern auch vieler einfacher Menschen, weil der Dichter die Wahrheit geschrieben hatte, derentwegen er von Staat und Partei streng verfolgt wurde. Die Zensur war in Rußland schon lange bevor das kommunistische System entstand, eine mächtige staatliche Institution

mit der sich beispielsweise Tschechow oder Gogol auseinanderzusetzen hatten. Vielleicht hat die russische Literatur gerade in ihrem ewigen Kampf gegen Zensur und Unterdrückung diese Hellsichtigkeit und Klarheit erreicht, die sie zur zeitweilig einzigen moralischen Instanz hat werden lassen.

Auch heute noch findet man Dichter in der vordersten Linie gesellschaftlicher und politischer Auseinandersetzungen. Sie kämpfen für die Erhaltung des Baikal-Sees oder die Demokratisierung. Sie waren 1989 unter den Abgeordneten des ersten sowjetischen Volkskongresses, und sie standen um das «Weiße Haus an der Moskwa», als der Putsch im August 1991 die Entwicklung umzukehren drohte. Sie sind aber auch dort zu finden, wo das Russentum in nationalistisches Fahrwasser zu geraten droht. Der Kommunismus hat die Identität der in der Sowjetunion zusammenlebenden Völker in ihrer Substanz bedroht, auch die russische. Obwohl die Russen Staatsvolk dieser UdSSR waren, sind sie

Das Moskauer Bolschoi-Ballett ist für den klassisch-konservativen Stil seiner Choreographien berühmt. Die Inszenierungen von «Schwanensee» (links oben) und «Giselle» (links unten) stehen seit Jahrzehnten unverändert auf dem Spielplan ...

ihrer ursprünglichen Bestimmung zu übergeben. Doch ihre Restaurierung ist ein mühsames Beginnen. Oft ist die Substanz so sehr verkommen, daß es den immensen Aufwand gar nicht mehr lohnt. Jedoch trifft man auf Reisen durch Rußland praktisch überall auf grandiose Kirchen und Klöster, Kreml und Paläste, die von dem ungeheuren kulturellen Reichtum dieses Landes zeugen. Allein die Städte des sogenannten Goldenen Rings um Moskau herum bieten Architekturensembles, die auf der Welt nicht ihresgleichen haben.

Die Grundlage alter russischer Städte ist praktisch überall gleich: Den Kern bildet immer der Kreml, die Festungsanlage, in die die Menschen flüchteten, wenn ihre aus Holz gebauten Städte abbrannten oder wenn sie angegriffen wurden. In jedem Falle bildet die Kirche – oder mehrere Kirchen – meist um einen Platz herum gebaut, wie in Moskau, das Zentrum des Kreml. Die weltlichen Paläste sind gegen diese kirchliche Pracht meist kleiner und bescheidener ausgefallen. Die enge Verbindung zwischen Kirche und Staat ging meistens auf Kosten des Staats.

Wie die Städte wurden zunächst auch die Kirchen gänzlich aus Holz gebaut. In einigen Freilichtmuseen im Lande hat man die schönsten Holzkirchen und profanen Holzbauten zusammengetragen und wiederaufgebaut. In Moskau beispielsweise kann man im Park von Kolomenskoje das Holzhäuschen sehen, das sich Peter I. in Archangelsk hat bauen lassen, während er dort seine ersten seetüchtigen Schiffe auf Kiel legen ließ.

Die frühen Holzkirchen, wie man sie beispielsweise in Wladimir oder in der Nähe von Pskow sehen kann, sind unfaßbare Meisterwerke der Zimmermannskunst. Große Paläste, wie sie etwa

doch weit mehr verunsichert, als sie das nach außen erkennen lassen. Das Gelingen der politischen Experimente in Rußland nach dem Zusammenbruch der Sowjetunion hängt nicht unwesentlich auch von der intellektuellen Elite des Landes, allen voran den Schriftstellern, ab.

Land der Kirchen und Klöster

Den Einfluß der russisch-orthodoxen Kirche hat der Sowjetstaat nicht brechen können. Auch wenn über zwei Drittel aller Kirchen in der Sowjetunion nach der Revolution geschlossen wurden, beherrschten sie doch die Silhouetten der Städte, ihre verblassenden goldenen Zwiebeltürme blitzten weiterhin in der Sonne.

Trotzdem ist die Zerstörung historischer Kirchenbausubstanz in Rußland kaum jemals wiedergutzumachen. Erst in den letzten Jahren hat man damit begonnen, säkularisierte Kirchen wieder

... Die tänzerischen Leistungen des Ensembles genießen Weltruf – im Zuschauerraum hier die strenge Jury eines Auswahlwettbewerbs (rechts).

der Vater Peters I. bei Moskau gänzlich aus Holz hat bauen lassen, sind leider nicht erhalten geblieben, aber eine Modellrekonstruktion dieses Wunderpalasts gibt noch heute einen Eindruck davon, zu welcher Fertigkeit russische Baumeister es gebracht haben.

Der russische Kirchenbau ist mit dem Westeuropas nicht zu vergleichen. Gleichwohl hat es in den verschiedenen Jahrhunderten und in den unterschiedlichen Landesteilen sehr verschiedene Stile gegeben. Im Norden, vor allem um die altrussische Stadt Pskow, pflegte man einen strengen, fast bäuerlich kargen Stil, der den Kirchen etwas Wehrhaftes, aber auch Unprätentiöses gab, das sogar nicht zu dem aufwendigen Pomp in den Gottesdiensten der orthodoxen Kirche passen will. Das Byzantinische mit seiner lich höchste Ausdruck russischer Kunst und Kultur außerhalb Rußlands kaum in nennenswerter Weise durchgesetzt hat.

Die Originale der unschätzbaren Kunstwerke sind heute vor allem in den Museen zu besichtigen, auch deshalb, weil die meisten Kirchen geschlossen waren. Aber in den wenigen «aktiven» Kathedralen, vor allem in den religiösen Zentren wie Wladimir oder Susdal, kann man auch heute noch über den phantastischen Reichtum der Kirche staunen. Nach Rückgabe von immer mehr Klöstern und Kirchen an die Amtskirche in den letzten Jahren hat ein großangelegtes Restaurierungsprogramm begonnen, das zunächst die wichtigsten Kirchen wiederherstellen wird, aber auch bis in die Dörfer reicht, wo die Kirche stets das Zentrum bildete.

Links: Landarbeiter eines Guts in der Nähe von Moskau posieren in Festtagskleidung für den Fotografen (Foto, um 1905). Mitte: Von jeher kamen Händler und Händlerinnen aus allen Teilen des russischen Reichs nach Moskau, um dort auf dem Straßenmarkt ihre Waren zu verkaufen (Foto, um 1900/1910).

Prachtentfaltung ist dann wieder eher in der Gegend um Moskau und weiter im Süden zu finden.

Die Ausschmückung mit den der russisch-orthodoxen Kirche eigenen Bildnissen, den Ikonen, gibt allen Gotteshäusern insgesamt etwas Einheitliches, das aber bei näherem Betrachten eine ungeheure Vielfalt in sich birgt. Der bedeutendste Ikonenmaler Rußlands war der Mönch Rubljow, der gleichzeitig auch ein Revolutionär der Ikonenmalerei gewesen ist und dafür in Konflikt mit seiner konservativen Kirche geriet. Ihm ebenbürtig war Theophanes der Grieche, ein Meister, der vorwiegend im Raum Pskow gewirkt hat und für seine Freskenmalereien bekannt war.

Aber das eigentliche Wesen der Ikonenmalerei ist die Anonymität der Maler, sie selbst traten ganz hinter ihren Werken und deren ritueller Funktion zurück. So kennt man heute nur noch in den seltensten Fällen die Meister einzelner, berühmter Ikonen, was vielleicht dazu beigetragen hat, daß sich dieser wahrschein-

Eine Welle der Hinwendung zur Religion hat das Land erfaßt, von der die Amtskirche auch durch Spenden und tätige Mithilfe der Gläubigen beim Wiederaufbau der Gotteshäuser profitiert.

Ein Land im Um- und Aufbruch

Rußland ist heute für den Westen immer noch ein geheimnisvolles Land. Schuld daran trug eine Politik, die seit der Revolution riesige Teile des Landes für Ausländer sperrte. Noch heute, unter neuen politischen Bedingungen, kann man Rußland noch lange nicht so frei bereisen, wie beispielsweise die USA. Aber auch die bisher offenen Landesteile bieten so viel, daß man leicht voraussagen kann, daß eine Entdeckung Rußlands über kurz oder lang in großem Umfang bevorsteht.

Dem Reisenden wird sich dann ein Land von so ungeheurer Vielfalt erschließen, das hoffentlich viele der gängigen Klischees

Lügen strafen wird. Die eigentliche Entdeckung aber werden die Menschen in Rußland sein, Menschen, die so ganz anders sind als sie in den zumeist politischen Schlagzeilen dargestellt werden. Natürlich kann man *den* Russen nicht stellvertretend für ein ganzes Volk charakterisieren, aber es ist kein Problem, bei unterschiedlichen Menschen, ob auf dem Lande oder in der Stadt, ob unter Intellektuellen oder Arbeitern landsmannschaftliche Eigenheiten zu finden, die diese Menschen so liebenswert machen, vielleicht eben deshalb, weil sie nicht zu dem von den Politikern gewünschten «homo sowjeticus» geworden sind. Daß die berühmte und von so vielen Dichtern immer wieder besungene russische Gastfreundschaft kein Klischee, sondern auch heute noch selbstverständliche Wirklichkeit ist, gehört zu den beglückendsten Erfahrungen, die man in Rußland machen kann. Nie wird man von einer Einladung hungrig oder ganz nüchtern zurückkommen, auch wenn dafür die ganze Familie tagelang in den Geschäften anstehen mußte. Auch unter den erschwerten Bedingungen nach dem Zusammenbruch der Sowjetunion gilt die eiserne Regel, daß der Gast fürstlich bewirtet wird. Dies macht auf dem Lande, zumal in den unwirtlichen Landesteilen, auch heute noch Sinn – von der Gastfreundschaft kann das Leben abhängen.

Aber es sind nicht nur die Menschen, die man hinter den politischen Klischees in Rußland entdecken wird, es ist vor allem ein Land, das sehr viel reicher ist, als es uns erscheint. Nicht materieller Reichtum ist hier gemeint – daran mangelt es dem neuen Rußland so wie der früheren Sowjetunion –, sondern Reichtum im Sinne von Kultur und landschaftlicher Schönheit, die in solcher Verschwendung kaum anderswo vorkommt.

Rußland hat südliche Gestade mit Fruchtplantagen, hat in seinem Schwarzerdegürtel die fruchtbarste Landwirtschaft, die sich denken läßt, und hat in Sibirien ewiges Eis, unter dem Bodenschätze verborgen liegen, von denen noch Generationen werden profitieren können. Aber Rußland scheint ein Land zu sein, das an seinem Reichtum eher leidet, als daß es ihn genießen könnte. In seiner ganzen Geschichte ist Rußland eher arm gewesen und entweder von seiner eigenen Oberklasse oder fremden Investoren ausgebeutet worden. Das russische Volk ist dabei über die Jahrhunderte arm geblieben. Die romantische Verklärung etwa durch Tolstoi war letztendlich eher ein Spiegel seiner Unmündigkeit als daß damit der wahre Kern getroffen worden wäre.

Erst wer Russen in der ihnen angemessenen Umgebung, nämlich in der Natur, zumindest jedoch außerhalb der Städte erlebt hat, wird dieses Land begreifen können. Von Amerika mit seiner ja ebenfalls grandiosen Landschaft unterscheidet sich Rußland vor allem dadurch, daß dieses Land nicht von Zuwanderern in Besitz genommen worden ist, sondern das Volk von seinem Land geprägt wurde und sich vor allem in der Zeit der mongolischen Herrschaft gleichsam in die Heimaterde verkrallt hat.

Erst jenseits der Städte beginnt Rußland, ein riesiges Land voller Geheimnisse und gleichzeitig von einer Offenheit, die dem früheren Sowjetsystem Hohn spricht. Ein Land aber auch, das sich nicht leicht erschließt, das erobert werden will wie seine Hauptstadt Moskau oder wie die Taiga, um die man, wie ein altes sibirisches Sprichwort wissen will, elf Monate lang werben muß, in Eis und Kälte, um sie dann für einen kurzen, aber wunderbaren Sommermonat besitzen zu dürfen.

Rechts: Hauspersonal bei einer Ruhepause im Garten. Unentbehrlich für die Geselligkeit sind – auch im Freien – der Samowar und ein Gläschen Wodka (Foto von 1905).

MOSKAU

Aber noch gibt es in ganz Moskau vielleicht keine Stelle, von der aus nicht zumindest eine
Kirche sichtbar ist. Genauer: auf welcher man nicht mindestens von einer Kirche
überwacht würde. Der Untertan des Zaren war in dieser Stadt von mehr als vierhundert
Kapellen und Kirchen … rings umstellt, die allerorten … über Mauern lugen. …
Mit der Zeit … wird auch klar, warum an vielen Stellen Moskau so abgedichtet wirkt wie
eine Festung: die Klöster tragen heute noch die Spuren der alten wehrhaften
Bestimmung an sich …

Walter Benjamin

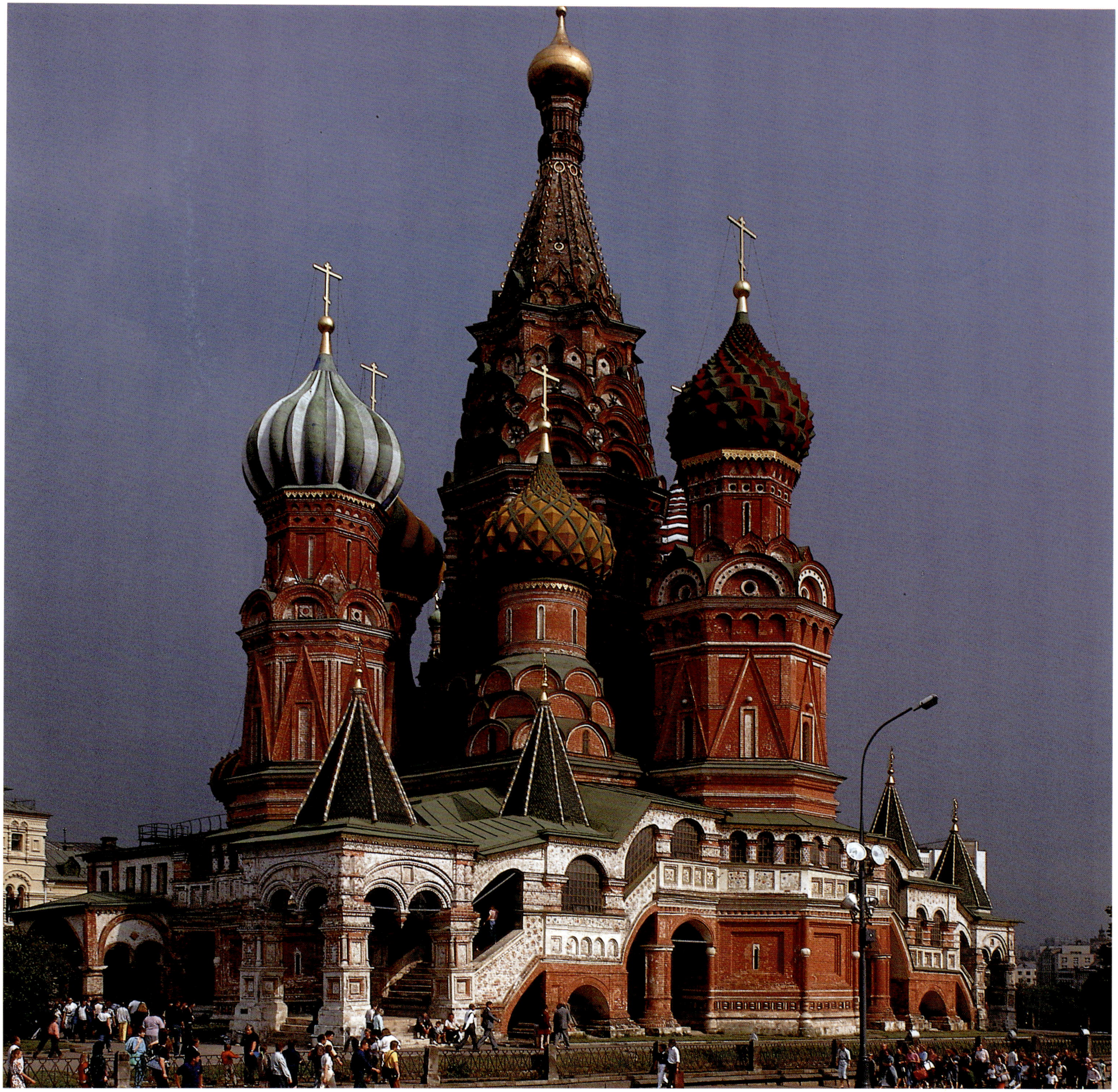

◁ BASILIUS-
KATHEDRALE

Der russische Dichter Lermontow verglich sie mit einer «riesigen, gezackten, in allen Regenbogenfarben schillernden Blüte»: die märchenhaft anmutende Basilius-Kathedrale auf dem Roten Platz in Moskau.

KREML *Vom rechten Ufer der Moskwa aus ist die Größe und Mächtigkeit der Anlage des Moskauer Kreml am besten sichtbar. In der Mitte der 1740 bis 1753 erbaute Große Kremlpalast, rechts davon der Glockenturm Iwan der Große.*

KREML *Insgesamt zwanzig Türme verleihen dem Kreml sein wehrhaftes Aussehen. Der Borowitzki-Turm (links) erhielt seinen Namen nach dem gleichnamigen Hügel, auf dem er erbaut wurde, der Wasserturm (rechts) nach seiner Lage an der Moskwa.*

HOTEL UKRAINE *Sie werden auch «Stalins Kathedralen» genannt: sieben Hochhäuser aus der Stalinzeit, Paläste für den «Neuen Menschen» im Zuckerbäckerstil, die bis heute Moskaus Silhouette beherrschen. Das Hotel Ukraine (rechts) ist eines von ihnen.*

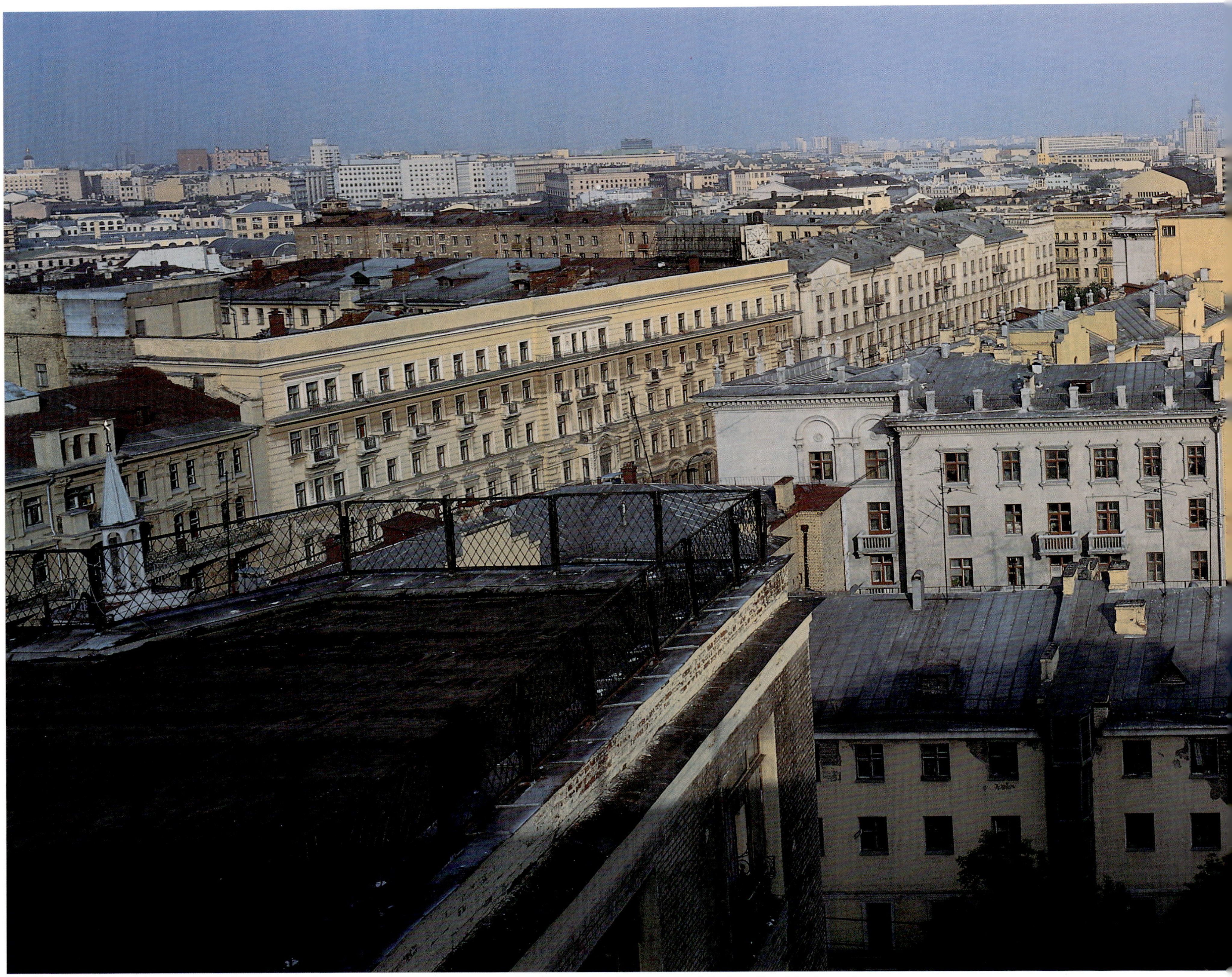

GORKI-STRASSE *Bürgerliche Jugendstilhäuser, neoklassizistische Palais und moderne Wohnblöcke aus der Stalinzeit säumen die Gorki-Straße, einen der Moskauer Prachtboulevards, die sternförmig auf den Roten Platz und den Kreml zuführen.*

ERLÖSERTURM   *Über dem Haupteingang des Kreml erhebt sich der prächtige Erlöser-Torturm. Links im Bild der Zarenpavillon, so genannt, weil Iwan der Schreckliche von hier aus den Hinrichtungen auf dem Roten Platz zugesehen haben soll.*

KOLOMENSKOJE *Die Kirche der Gottesmutter von Kasan in Kolomenskoje, der ehemaligen Sommerresidenz der Zaren im Süden von Moskau. Die fünfkuppelige Kathedrale war durch einen unterirdischen Gang mit dem Zarenpalast verbunden.*

KATHEDRALENPLATZ Zentrum des Moskauer Kreml ist der Kathedralenplatz mit der 1479 erbauten Mariä-Himmelfahrts-Kathedrale (Mitte), der Krönungskirche der Zaren; sie war bis ins 17. Jahrhundert Vorbild für alle russischen Kathedralbauten.

Die 1524/1525 errichtete Kathedrale der Gottesmutter von Smolensk im Neuen Jungfrauen-Kloster. Das im Südosten Moskaus gelegene Wehrkloster ist nach dem Kreml der bedeutendste sakrale Gebäudekomplex der Stadt.

NEUES JUNGFRAUEN-KLOSTER ▷

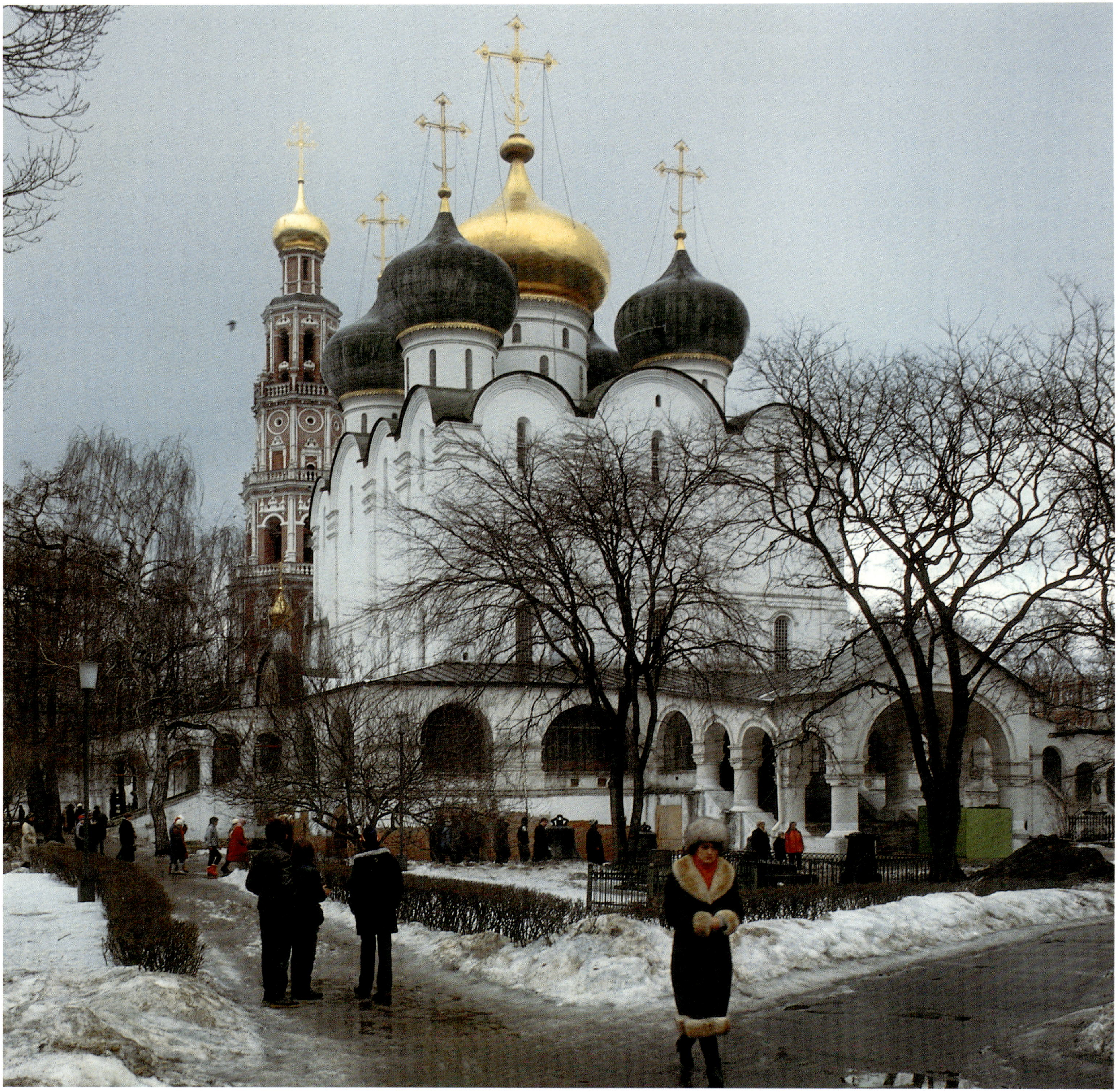

Heiderose Engelhardt

DAS SAKRALE GESAMTKUNSTWERK ALS AUSDRUCK ALTRUSSISCHER KUNST

Zwischen Orient und Okzident

Nach dem Bericht der Nestor-Chronik, der «Erzählung von vergangenen Jahren», die zu Anfang des 12. Jahrhunderts im Kiewer Höhlenkloster aufgezeichnet wurde, ließ Großfürst Wladimir die einzelnen Religionen – den Islam, das katholische Christentum, das Judentum und das orthodoxe Christentum – prüfen und entschied sich schließlich für die Einführung des orthodoxen Glaubens in seinem Reich. Den Islam lehnte er wegen des Verbots von Wein und Schweinefleisch ab; das katholische Christentum fand er nicht prachtvoll genug, die Juden waren ihm politisch zu erfolglos. Den größten Eindruck machten die Byzantiner auf ihn. Die Beredsamkeit ihrer Philosophen, die Macht ihres Staats und die Pracht der Kirchen sagten ihm sehr zu. Als Wladimir 988 um die Hand der Schwester des Kaisers von Konstantinopel warb, beteuerte er: «Ich will mich taufen lassen, denn schon vor diesen Tagen habe ich Eure Gesetze erforscht und mir gefällt Euer Glaube und Euer Gottesdienst.» Wladimir führte seine Braut nach Kiew und veranlaßte die erste Massentaufe seiner Untertanen im Dnepr. Rußland wurde christlich und trat unter das Kreuz Konstantinopels.

Die Kunst des alten Rußland war ganz und gar dem orthodoxen Glauben verpflichtet. Die mitunter verspielte Pracht russischer Kirchen und Klöster, die Vielfalt ihrer Türme und prunkvollen Kuppeln wirkt märchenhaft und läßt vielleicht Bilder unserer Kindheitsvorstellungen von einem zauberhaften, fernen Reich wiederentstehen.

In Entsprechung der mystischen äußeren Erscheinung altrussischer Kirchen sind auch die Innenräume in ihrer Gesamtheit ganz darauf ausgerichtet, das Gegenständliche zu überhöhen. In diesem illusionären Raum, der eine Vorstellung vom Paradies vermitteln soll, dient alles der religiösen Ekstase und der Gefühlssteigerung: Wände, Kuppeln und Gewölbe sind mit prachtvollen, farbenfrohen Fresken und Mosaiken verziert. Gold und Silber glänzt im mystischen Wechsel von Hell und Dunkel. Das Allerheiligste jedoch wird der Kirchenbesucher niemals zu sehen bekommen. Die Ikonostase mit ihren kostbaren Bildern schirmt das Sanktuarium von der Gemeinde ab und weist die Gläubigen in ihre Grenzen, zieht zugleich aber deren kultische Hingabe auf sich. Der Kirchenraum dient niemals der musealen Betrachtung. Erlebt man ihn während einer *Slushba* (russisch-orthodoxer Gottesdienst) inmitten einer dichten Menschenmenge und deren stetem Gebetsgemurmel und ständig wiederkehrenden Wechselgesängen, die das Ritual der orthodoxen Liturgie begleiten, beim Schein unzähliger Kerzen, die den Raum in ein verklärendes Licht tauchen und dem schweren, betäubenden Weihrauchduft, kann man die Aura dieser Werke spüren.

Die altrussische Kunst wurzelt wie die westeuropäische Kultur im Christentum und wurde sowohl vom Adel als auch vom Klerus, den Klöstern und Städtegemeinden getragen. Wenn sie in dieser Hinsicht auch durchaus der des Abendlandes entspricht, so sind doch deutliche Unterschiede erkennbar, die auf historische Entwicklungen, aber auch auf geographische Gegebenheiten zurückzuführen sind. Die relative Gleichförmigkeit auf Kosten der Stilentwicklungen hat ihre Ursache in der lange Zeit währenden Zersplitterung des Landes, der über zweihundertjährigen Mongolenherrschaft, die das Leben und die Kunst stagnieren ließen, sowie der Gebundenheit des größten Teils der Bevölkerung an das dörfliche Leben und der Weiträumigkeit des Landes.

Die Ikone der «Gottesmutter von Tolga» aus dem Tolga-Kloster bei Jaroslawl, ein Werk der Jaroslawler Schule aus dem späten 13. Jahrhundert (139,5 x 91,6 cm, STG).

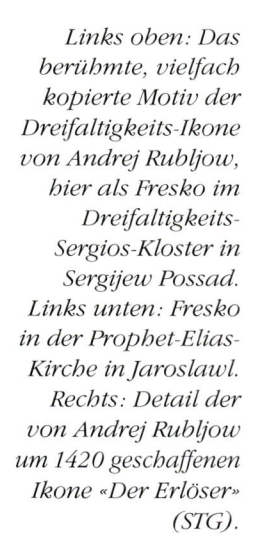

Links oben: Das berühmte, vielfach kopierte Motiv der Dreifaltigkeits-Ikone von Andrej Rubljow, hier als Fresko im Dreifaltigkeits-Sergios-Kloster in Sergijew Possad. Links unten: Fresko in der Prophet-Elias-Kirche in Jaroslawl. Rechts: Detail der von Andrej Rubljow um 1420 geschaffenen Ikone «Der Erlöser» (STG).

So waren im alten Rußland Brauchtum und Überlieferung von elementarer Bedeutung. Das Leben im russischen Mittelalter orientierte sich am Zeitsinn des «Agrarkalenders». Radikale Neuerungen galten als Makel. Die Bestätigung des Überkommenen und die ständige Wiederkehr des Gleichen entsprachen hingegen der Vorstellung von einem göttlichen Plan, der sich im zyklischen Ablauf der Natur und in der hierarchisch geordneten Gegenwart vollzog. Die Autorität von Byzanz und das Festhalten an festen Formenkanons bestimmten lange Zeit das künstlerische Schaffen, das in einer sehr lebendigen, bodenständigen Volkstradition wurzelte. Als Markstein einer christlichen Kultur wurde der Steinbau aus Byzanz übernommen. Die russische Kunst war zudem westeuropäischen, südeuropäischen, skandinavischen, transkaukasischen und orientalischen Einflüssen stets offen, doch wurden diese zu einem eigenen «russischen Charakter» umgeformt. Rußland war gewissermaßen ein Sammelbecken verschiedener Kunstströmungen, in dem sich zwischen dem 11. und 17. Jahrhundert ein eigener Stil herausbildete, der zwischen den Welten und Kulturen, zwischen Orient und Okzident, zwischen Nord und Süd vermittelte.

Das sakrale Gesamtkunstwerk

Die altrussischen Kirchenbauten sind stets auf ein Zentrum bezogen, das im Halbrund der Kuppel gipfelt. Diese begrenzt die Bauten gleichsam weich und abgerundet wie ein Schoß. Sie wollen nicht in einer Spitze unendlich himmelwärts streben, sondern halten zwischen Himmel und Erde vermittelnd die Balance. Die Verbundenheit mit der Natur und der «mütterlichen» Landschaft klingt in der russischen Kirchenbaukunst ständig mit.

Die Variationsmöglichkeiten der russischen Sakralarchitektur wurden in engen Grenzen gehalten, denn jedes Bauglied war ein in einen Plan fest eingebundener Bedeutungsträger. So symbolisieren Säulen und Pfeiler die Stützen der Kirche – Engel und Heilige. Die Kuppel kommt der himmlischen Wohnung Gottes gleich. Auch die Zahl der Kuppeln war für die Menschen eine lesbare Botschaft. Eine Kathedrale mit zwölf Nebenkuppeln um eine Hauptkuppel verweist auf Christus und seine zwölf Jünger, fünf Kuppeln symbolisieren Christus und die vier Evangelisten; drei Kuppeln die Dreieinigkeit. Alle Kuppeln sind mit dem Kreuz der russisch-orthodoxen Kirche bekrönt. Der Halbmond unter dem Kreuz mit Andreasbalken (auch mit zwei Querbalken) steht für den Sieg Rußlands über die Tatarenherrschaft.

Ebenso teilte sich die Bilderwelt der Kirchen mit ihren baugebundenen Fresken und Mosaiken sowie Ikonen den Gläubigen mit klar deutbaren Aussagen in Form von Motivtypen und Symbolen mit. Durch festgelegte und unter kirchlicher Kontrolle stehende ikonographische Regeln waren die schöpferischen Möglichkeiten der Künstler eingegrenzt. Die großen Leistungen dieser Kunst sind auf dem schmalen Grat zwischen individuellem Schöpfertum und Reglement entstanden.

Die Wurzeln des altrussischen Kirchenbaus sind die frühchristlichen Kreuzkuppelkirchen (siehe Seite 174). Die Bauten waren jedoch weniger auf Reliquien von Heiligen und Märtyrern bezogen, als auf christliche Legenden, die sich um einzelne Ikonen oder die Wallfahrtsstätte ranken, oder auch auf staatspolitische Ereignisse. Die von der Aristokratie in Auftrag gegebenen Kirchenbauten sind ihrem Charakter nach fast Memorialbauten. So legte zum Beispiel Jaroslaw der Weise für die Sophienkathedrale in Kiew an der Stelle den Grundstein, wo durch die Schlacht gegen die Petschenegen, ein türkisches Nomadenvolk, die «göttliche Weisheit» gegen die «heidnische Finsternis» gesiegt hatte. Nowgorod erhob einen ähnlichen Anspruch wie Kiew. Dementsprechend war die Nowgoroder Sophienkathedrale ihrer Kiewer «älteren Schwester» sehr ähnlich. Die Mariä-Himmelfahrts-Kathedrale in Wladimir und die in ihr

Links: Die berühmte «Gottesmutter von Wladimir» (12. Jh., STG). – Mitte oben: «Sergios mit Vita» von C. E. Golowkin (1591, Kunsthist. Museum, Sergijew Possad). – Mitte unten: «Einzug in Jerusalem» (15./16. Jh.). – Rechts oben: «König Salomo» (17. Jh., Privatsammlung, Frankfurt). – Rechts unten: «Säulensteher Symeon» (16. Jh., STG).

87

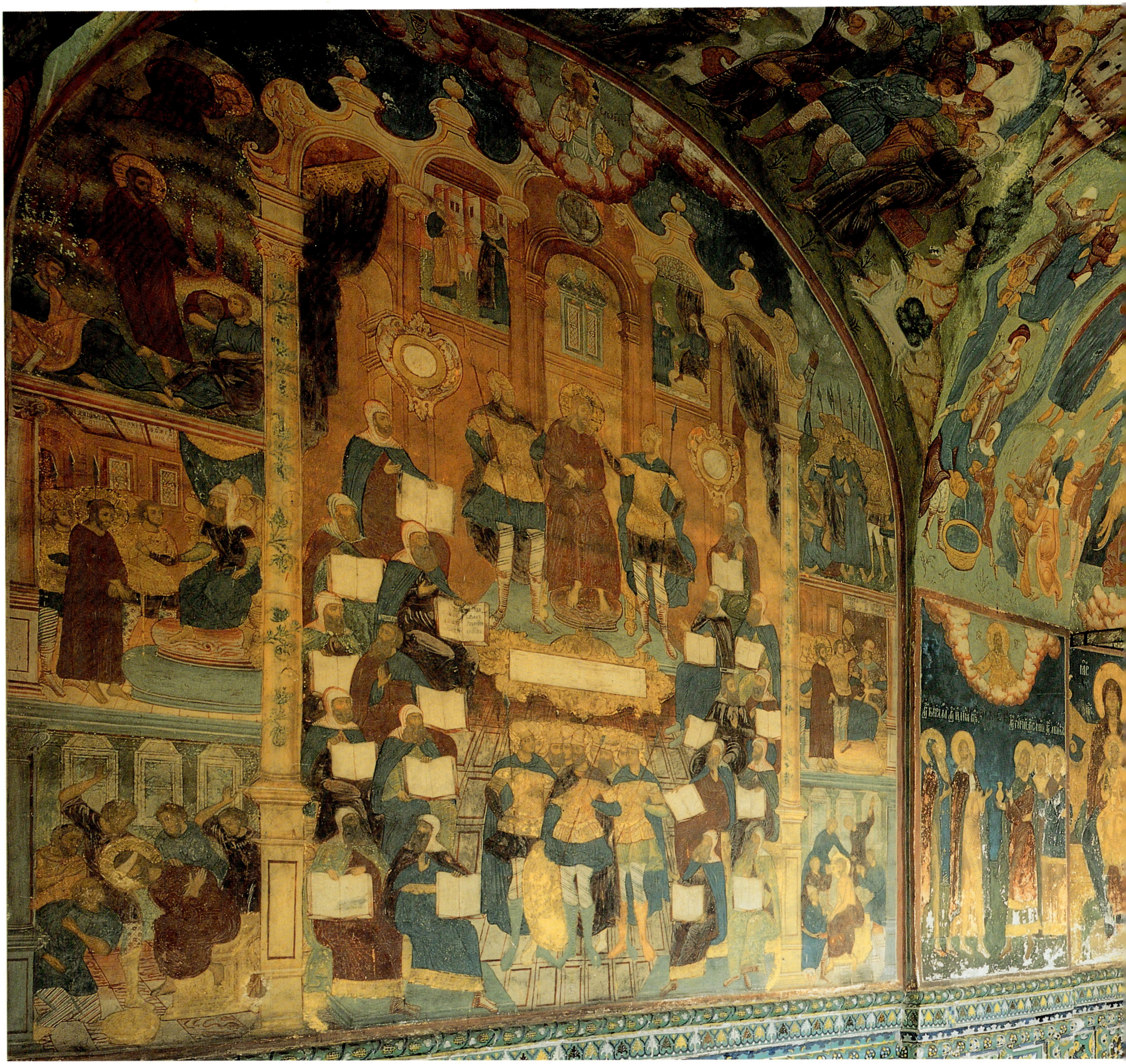

89

Vorherige Doppelseite: Die prächtigen Fresken in der Galerie der Prophet-Elias-Kirche in Jaroslawl gelten als einer der Höhepunkte der Jaroslawler Malerei, die glasierten Kacheln dagegen als unverwechselbares Kennzeichen seiner Architektur.

bewahrte, besonders verehrte Ikone der «Gottesmutter von Wladimir» untermauerten den Anspruch Andrej Bogoljubskis und Wsewolods III. auf die Vormacht im gesamtrussischen Reich. (Die russische Bezeichnung Uspenski Sobor wird häufig auch mit «Mariä-Entschlafens-Kathedrale» übersetzt, da die Ostkirche das Dogma von der Himmelfahrt nicht kennt und daher nur vom Tod Mariens spricht. In diesem Band wird jedoch der bei uns geläufigere Begriff «Himmelfahrt» verwendet.) Insbesondere die denkmalartigen Zeltdachkirchen des 16. Jahrhunderts repräsentierten die machtpolitischen Ambitionen der Zarenherrschaft im noch jungen russischen Zentralstaat. Dem stand als Opposition «von unten» das orthodoxe Mönchstum entgegen. Unter Berufung auf bodenständige, volks-

Stelle einer Kathedrale aus Eichenholz wurde die Sophienkathedrale als eine fünfschiffige Kreuzkuppelkirche mit zwölf Pfeilern und fünf Kuppeln errichtet. Eine sechste Kuppel bekrönt den Treppenaufgang, der zur Fürstenempore führt. Die Empore war dem Adel vorbehalten, der im Glanz des Lichts, das durch die Kuppelfenster drang, am Gottesdienst teilhaben konnte, während für die restlichen Gläubigen das Halbdunkel des Gemeinderaumes bestimmt war.

Die Sophienkathedrale war auf das engste mit dem Selbstverständnis der Nowgoroder verbunden. Die erste Stadtchronik vermerkt: «Wo die heilige Sophia ist, da ist Nowgorod!», und der Kriegsruf der Nowgoroder lautete: «Für die heilige Sophia!».

Links: «Abreise aus dem Dreifaltigkeitskloster», Aquarell von Konstantin F. Juon (31,5 x 47 cm, 1910, STG). Mitte: Fast fotografische Schärfe und Leuchtkraft kennzeichnen die Emailminiatur «Ansicht des Kreml von Rostow Weliki» von Nikolai Malozemov (Ende 19. Jahrhundert).

tümliche Traditionen propagierten sie ihre asketischen Lebensregeln, die sich im schlichten, intimen Charakter der Sakralbauten widerspiegelten. Mit der Zersplitterung des Landes in viele kleine und kleinste Fürstentümer wurde diese einfache Bauform der Mönche und Bürgergemeinden auch vom Adel aufgegriffen, der mit seinen Mitteln haushalten mußte und so aus der Not eine Tugend machte.

Nowgorod – die «Wiege des Russischen Reiches»

Die Nowgoroder Sophienkathedrale wurde 1045 bis 1052 im Auftrag Fürst Wladimirs, dem Sohn Jaroslaws des Weisen, erbaut. Die Kathedrale hat die Jahrhunderte, wenn auch mit einigen Veränderungen, überdauert und ist uns als eines der ältesten und schönsten Bauwerke des alten Rußland erhalten geblieben. An

Im Gegensatz zum Vorbild der gerade acht Jahre älteren Sophienkathedrale in Kiew verzichteten die Nowgoroder bewußt auf aufwendige Repräsentanz. Der Bau wirkt herber, sachlich und geschlossen, wie aus einem Guß. Vom ursprünglichen Freskenschmuck der Kathedrale aus dem frühen 12. Jahrhundert, der vermutlich von einem Nowgoroder Künstler geschaffen wurde, sind nur noch wenige Reste erhalten, wie die Deesis an der Hauptkuppel und die Darstellung von Kaiser Konstantin und dessen Mutter Helena in der Marturi-Vorhalle. Immerhin läßt sich an diesen Bildern noch der bezaubernd lockere, frische Malduktus erkennen, der wohl auch alle anderen Bilder ausgezeichnet hat.

Bekannt war Nowgorod für seine Weltoffenheit und seine vielfältigen wirtschaftlichen und politischen Beziehungen mit dem Ausland. Diesem Umstand verdankt die Sophienkathedrale ein für diese Region ebenso fremdes wie kostbares Ausstattungsstück: die sogenannte Magdeburger Tür, ein Meisterwerk hochromanischer

Gießkunst. Die einzelnen Platten der Domtür zeigen Szenen aus dem Alten und Neuen Testament, Allegorien und Heilige, Figuren der Bischöfe Wichmann aus Magdeburg und Alexander aus Plozk sowie ganz unten links der beiden Künstler des Werks, Richwin und Waismuth. Die Bronzeplatten entstanden zwischen 1152 und 1154 in einer Magdeburger Gießhütte und kamen als Geschenk Bischof Wichmanns für das noch junge Bistum nach Plozk. Auf Umwegen gelangte die Bronzetür, in Einzelplatten zerlegt, im 14. Jahrhundert nach Nowgorod und wurde für die Sophienkathedrale neu montiert. Die Reliefs zeigen den strengen Stil der Hochromanik. Die einzelnen Figuren kommen eher als Symbolträger, denn als Individuen zur Geltung.

Als nach der Entmachtung des Fürsten 1136 die Nowgoroder Städterepublik ausgerufen wurde, übernahmen Handwerkergenossenschaften, Handelsherren, Kaufmannsgilden und Straßengemeinden die Rolle des Auftraggebers für Gemeinde- und Hauskirchen. Es sind einfache Kirchenbauten, mit einem kubischen Baukörper über fast quadratischem Grundriß, nur einer Kuppel und einer einfachen Apsis. Die Dachzone wird meistens von Sakomaren (gestaffelte Bögen), später von dreilappigen Bögen (Kleeblatt) weich abgeschlossen. Alle Bauteile sind streng auf das Notwendige reduziert; der Bauschmuck wird sehr sparsam als flächengliederndes Element eingesetzt. Die Innenräume waren fast intimen Charakters. Mit sparsamen Mitteln entsprach man dem

Der typische Nowgoroder Baustil wurde aber weniger durch diese Kathedrale als durch Kirchenbauten, die einer anderen Gesinnung folgten, geprägt: Zu den ältesten Nowgoroder Bauwerken gehören auch die Nikolaus-Kathedrale auf dem Jaroslaw-Hof (1113) und die ihr sehr ähnliche Kirche des Antonius-Klosters (1117), die im Auftrag eines aus Westeuropa stammenden Kaufmanns errichtet wurde. Beide Kirchen sind in ihrem Grundriß am Sechspfeilerschema der Himmelfahrtskathedrale im Kiewer Höhlenkloster, die der national gesinnten russischen Baukunst starke Impulse gab, orientiert. Die Kathedrale des Heiligen Georg des Jurjew-Klosters (1119), der letzte Nowgoroder Bau, der im fürstlichen Auftrag errichtet wurde, steht ebenfalls in dieser Tradition. Der Bau wirkt wie ein monolithischer Kubus. Hier sind bereits die für die Nowgoroder Architektur so typischen klaren Formen, die Strenge und Klarheit der Proportionen und die Konzentration des Bauschmucks auf einfache, gliedernde Elemente entwickelt.

Repräsentationsbedürfnis: Der Bauschmuck erscheint als Gliederungselement mit Portalprofilierungen, Blendbögen und Nischen, Friesen, Kontrasten unterschiedlichen Mauerwerks, eingelassenen Kreuzen und Rosetten. Hartnäckig behaupteten die Nowgoroder ihre eigenen, lokalen Bauformen und lehnten die damals neuen Impulse aus Moskau ab. In der Mauertechnik treten Neuerungen auf, die in Korrespondenz mit der Backstein-Baukunst der Hansestädte entwickelt worden sind. Dem bürgerlichen Pragmatismus entsprach auch die Verbindung des Kirchenbaus mit dem Nützlichkeitsdenken der Auftraggeber: In den Kirchenwänden sind Geheimkammern zur Aufbewahrung von Wertsachen, Geschäftsbüchern, Eichmaßen und -gewichten und dergleichen eingebaut. In den Gemeindekirchen fanden nicht nur Gottesdienste statt, sondern auch Vorstandssitzungen der Handwerker und wichtige Beratungen. Die Kellergeschosse der Kirchen dienten als Winterkirchen, aber auch als Warenlager. So wurde das Profane dem

Rechts: «Blick auf die Stadt an der Moskwa» – die Ansicht der Hauptstadt mit ihrem mächtigen Kreml gehört zu den am häufigsten dargestellten Motiven Rußlands (Stahlstich, um 1820).

Links: Im Zentrum des russisch-orthodoxen Glaubens steht die Liturgie: prunkvoller Gottesdienst in der 1943 zur Hauptkirche aller russisch-orthodoxen Christen bestimmten Epiphanias-Patriarchal-Kathedrale, der größten Kirche Moskaus.

Sakralen gleichgestellt, die Alltagsgeschäfte, die schließlich die Stadt am Leben erhielten, dem Schutz der Kirche anvertraut.

Im 14. Jahrhundert faßten besonders in Nowgoroder Handwerkerkreisen häretische Ketzerbewegungen Fuß. Ihr sozialer Protest richtete sich auch gegen die Ehrfurcht vor dem christlichen Dogma und damit verbunden gegen den kirchlichen Besitz. Der Einfluß dieser Bewegung mag den expressiven Charakter der Nowgoroder Malerei mit der Suche nach neuen, unkonventionellen Gestaltungsformen und ihren überraschend dynamischen Kompositionen und der alle herkömmlichen Regeln durchbrechende Ikonographie erklären. Insbesondere hat Theophanes der Grieche in Nowgorod die Malerei dieser Zeit geprägt. So finden

Rechts: Farbenpracht und Goldglanz dieses Kirchenraums scheinen sich im Ornat der Geistlichkeit widerzuspiegeln ...

sich beeindruckende Malereien dieses Meisters in der Christi-Verklärungs-Kirche auf der Ilja-Straße (1374). Auch die wundervollen Fresken der Theodor-Stratilat-Kirche (um 1360) werden der Schule des Theophanes zugeordnet. In dieser Zeit stand die Nowgoroder Ikonenmalerei mit ihrer leuchtenden Farbpalette und den einfachen, klaren Kompositionen in höchster Blüte.

In seinen soziokulturellen Verhältnissen ähnelte Pskow stark der Nowgoroder Republik. Hier hatten ebenso die demokratisch organisierten Handwerker- und Händlergenossenschaften wesentlichen Einfluß. Sie prägten den volkstümlich-unkomplizierten Stil der Bürgerkirchen. Die einfachen Kirchen wirken gedrungen und sehr schlicht, beinahe häuslich. Häufig dienten auch hier die Sockelgeschosse der Kirchen als feuersichere Warenlager. Die Pskower Kirchenarchitektur ist die strengste und sachlichste Spielart der verschiedenen lokalen Stilrichtungen Rußlands. Sie hat auch am reinsten ihre Eigenart bewahrt. Der Bauschmuck Pskower Kirchen mit den typischen Friesen aus quadratischen und dreieckigen Vertiefungen und den schlichten Blendarkaden auf den glatten Außenwänden wirkt sehr verhalten und einfach. Charakteristisch für Pskower Kirchen sind zahlreiche begleitende Bauten, darunter auch die Glockengiebel.

Wladimir – die «Fürstenstadt»

Der Baustil der Wladimirer Schule wirkt ausgesprochen aristokratisch und repräsentativ. Fürst Andrej Bogoljubski (1157–1175) verlegte 1157 die Hauptstadt Rußlands in sein Heimatgebiet nach Wladimir an der Kljasma und versuchte gar Kiew den Metropolitensitz streitig zu machen. Seinem Ziel, eine von Konstantinopel unabhängige Metropole zu gründen und das Land national zu einigen, entsprachen auch die künstlerischen Äußerungen dieser Epoche. Um die neue Hauptstadt schnell und besonders pracht-

Erbarmens von Kiew nach Wladimir, weshalb sie *Wladimirskaja* («Gottesmutter von Wladimir») genannt wurde.

Die 1158 bis 1165 errichtete Kathedrale wurde bei einem Stadtbrand zerstört und unter Fürst Wsewolod 1185 bis 1189 neu erbaut, wobei das alte Mauerwerk weitgehend wiederverwendet wurde. Die Mariä-Himmelfahrts-Kathedrale sollte auch später im Mittelpunkt schicksalhafter Ereignisse stehen. Im Tatarensturm 1238 wurde die Innenausstattung geplündert, die Kirche voll Holz gestapelt und angezündet, wobei die darin eingeschlossene Familie des Fürsten und zahlreiche andere vornehme Bürger der Stadt Opfer der Flammen wurden. Die berühmte Ikone der Gottesmutter von Wladimir konnte aber gerettet werden. Durch den

voll zu errichten, berief der Fürst Bauleute aus zahlreichen Ländern. Selbst Kaiser Barbarossa soll ihm Steinmetzen aus Sachsen geschickt haben. Dies ist durchaus glaubhaft, denn viele romanische Stilelemente, wie abgestufte Rundbogenportale oder der plastische Bauschmuck, lassen zumindest auf die Kenntnis dieser Kunst schließen. Zudem werden Verbindungen zur georgischen, armenischen und byzantinischen Architektur sichtbar. Als Zentrum des neuen Machtbereichs ließ er die Mariä-Himmelfahrts-Kathedrale errichten, die sich bezeichnenderweise nicht am Vorbild der vom byzantinischen Formenkanon beherrschten, prachtvollen Kiewer Sophienkathedrale, sondern am Schema der Kathedrale im Kiewer Höhlenkloster orientiert. So wie sich die Apostel um das Sterbebett Marias versammelten, wollte der Fürst auch die zersplitterten russischen Herrschaftsgebiete wieder um das Zentrum Wladimir scharen. Zum Zeichen der Macht brachte Fürst Andrej Bogoljubski die berühmte Ikone der Gottesmutter des

Wiederaufbau erfuhr die Kathedrale einige Veränderungen – der Baukörper wurde erweitert und zu der großen Zentralkuppel fügte man vier Eckkuppeln hinzu, die ein ehrfurchtgebietendes Ensemble bilden. Dennoch blieb das Grundschema des Vorgängerbaus erhalten. Einziger Schmuck der Außenwände ist ein umlaufender Blendarkadenfries. Neben Fresken aus den ersten Jahren dieser Kathedrale sind Malereien Andrej Rubljows erhalten, die er zusammen mit anderen Malern im Jahr 1408 schuf.

Besonders prachtvoll erscheint unter den Kirchen in Wladimir die Demetrios-Kathedrale, die Hofkirche Wsewolods III., die in der Zeit von 1194 bis 1197 erbaut wurde. Ursprünglich war sie mit dem fürstlichen Palastensemble verbunden. Klar und einfach ist auch hier wieder das Bauschema. Außerordentlich reich hingegen wurde die Außenfassade gestaltet. Menschliche Figuren, Tiere, Fabelwesen, Pflanzenmotive und ornamentales Rankenwerk sind miteinander zu einem dichten, teppichartigen Relief verwoben,

Links: Wie schwebend über dem Meer der Gläubigen – die in mystisches Licht gehüllte Gottesmutter mit dem Christuskind.
Rechts: Feierliche Zeremonie bei der Prozession zum Osterfest, dem Höhepunkt des russisch-orthodoxen Kirchenjahres, im Dreifaltigkeits-Sergios-Kloster in Sergijew-Possad.

das in seiner Struktur an armenische Traditionen erinnert. Im Mittelfeld jeder der vier Wände thront ein biblischer König, David oder Salomo. Daneben finden sich Figuren von Christus, Maria, Johannes dem Täufer, der russischen Nationalheiligen Boris und Gleb sowie die Darstellung der Himmelfahrt Alexanders von Mazedonien und des Stifters der Kirche, Fürst Wsewolod, mit seinem Sohn Dimitri auf dem Schoß.

In der Baukunst zur Zeit Wsewolods sind in Wladimir zwei deutliche Tendenzen erkennbar: Einmal die kirchlich bestimmten Bauten, bei denen weitgehend auf plastischen Figurenschmuck verzichtet und eine strenge Erscheinung des Baus angestrebt wurde, und zum anderen die höfische Richtung, die unter den geschickten Händen einheimischer und auch ausländischer Steinmetzen das ganze Spektrum bildhauerischer Schmuckmöglichkeiten ausschöpft. Die Mariä-Himmelfahrts-Kathedrale und die Demetrios-Kathedrale lassen den Unterschied klar erkennen.

Ein Kleinod altrussischer Baukunst in der Nähe von Wladimir ist die Mariä-Schutz-und-Fürbitte-Kirche bei Bogoljubowo an der Mündung des Nerl in die Kljasma. Fürst Andrej Boguljubski hatte sie 1164 anläßlich seines Siegs über die Wolga-Bulgaren und zum Gedenken an seinen in der Schlacht gefallenen Sohn errichten lassen. Wundervoll leicht und scheinbar schwerelos strebt der schlanke, in den Proportionen klare und elegante Bau in die Höhe. Schlicht und geordnet ist das Bauschema: Die Vierpfeilerkirche wird von nur einer Kuppel bekrönt. Außen zieht sich ein rhythmisch gegliederter Blendbogenfries um den Bau. Halbsäulen, die nach oben von Sakomaren überfangen werden, teilen die Wände in drei Flächen. In den Bögen sind als Reliefs der harfespielende König David inmitten von Tieren – Tauben und Löwen – dargestellt. Dazu gesellen sich Greife und Lämmer sowie eine Reihe von Frauenmasken, die im Wladimirer Kunstgebiet den Marienkult symbolisieren und zugleich auf die Bestimmung der Kirche hinweisen, nämlich für Fürst und Volk den Schutz der Gottesmutter zu erflehen.

Moskau – das «Dritte Rom»

Beim Sieg der Russen unter Dmitri Donskoi über das Heer der «Goldenen Horde» auf dem Kulikowo-Feld standen Moskauer Großfürsten an der Spitze des Kampfs zur Befreiung und «Sammlung des russischen Landes». Die Bedeutung Moskaus als neues Machtzentrum wurde durch den Wechsel des Metropolitensitzes von Wladimir nach Moskau 1326 unterstrichen. Das Moskauer Herrscherhaus bekam durch den hohen Klerus und das Mönchtum tatkräftige Unterstützung seiner Zentralisierungsbemühungen. Die nationale Wiedergeburt brachte gleichsam einen neuen Baustil hervor, der sich zwischen den sechziger Jahren des 14. und den zwanziger Jahren des 15. Jahrhunderts entfaltete. Die Baukunst des Landes konzentrierte sich im 15. Jahrhundert zunächst auf den glanzvollen Aufbau der Metropole. Moskau wurde ein Schmelztiegel verschiedener baukünstlerischer Traditionen. Iwan III. berief zur Vollendung seiner Pläne ausländische Künstler, vor allem Italiener, wie Fioravanti, Pietro Solari oder Alovisio Nuovo nach Moskau, vor allem wegen ihrer Kenntnisse in der Bautechnik und Statik sowie ihren Erfahrungen in der Proportionslehre. Die ausländischen Künstler hatten jedoch zunächst gründlich die altrus-

Links: Zu Gast bei den Nachbarn – beim sonntäglichen Besuch des Priesters und seiner Frau darf der Samowar nicht fehlen (Foto, um 1900).
Rechts: Stolz präsentiert sich die «Russische Bojarentochter» in ihrer Tracht (kolorierter Holzstich nach einem Gemälde von W. J. Makowski, um 1890).

sischen Architekturtraditionen zu studieren. So machten sie sich etwa insbesondere mit den Bauten in Wladimir vertraut.

Die Vereinigung Wladimir-Susdaler Kunstformen und italienischer Renaissance-Stilelemente führte zu der majestätischen Feierlichkeit und Gediegenheit der Moskauer Mariä-Himmelfahrts-Kathedrale, die 1475 bis 1479 unter Leitung von Fioravanti errichtet wurde. Der Außenbau orientiert sich an der gleichnamigen Kathedrale von Wladimir, ist aber ausgewogen nach Renaissance-Maß gegliedert und verbindet altrussische Tradition mit modernen Bauformen und -techniken. Der Innenraum erscheint weit und großzügig. Kurz nach Vollendung der Kathedrale fiel Fioravanti in Ungnade beim Großfürsten und starb 1486 im Kerker.

Die berühmte Basilius-Kathedrale (Mariä-Schutz-und-Fürbitte-Kathedrale am Graben) auf dem Roten Platz in Moskau war eigentlich als Denkmal gedacht. Sie wurde 1555 bis 1559 zum Gedenken an die Eroberung Kasans erbaut. Um einen mächtigen Zeltdachturm gruppieren sich malerisch acht kleinere Bauten, die durch einen Wandelgang über dem Sockelgeschoß verbunden sind. Märchenhaft und exotisch wirkt dieser Bau mit seiner bunten Vielfalt der Zwiebelkuppeln.

Im 16. Jahrhundert haben sich durch den Einfluß Moskaus eine Vielzahl von Bautypen entwickelt, die an unterschiedliche Bautraditionen anknüpfen. Geeint wurden sie durch einen eigenen, nationalen Charakter, der als zaristischer «Reichsstil» bezeichnet wird.

In der als Grabkirche des Zaren gedachten Erzengel-Kathedrale (1505–1509), die der Mailänder Alovisio Nuovo erbaute, tritt deutlich italienisches Quattrocento-Dekor zutage. Die Kirche steht Mailänder und venezianischen Bauten sehr nahe. Diese an sich fremden Bauauffassungen verbinden sich aber mit den russischen Elementen hier zu einer ganz erstaunlichen, neuen Einheit.

Eine Besonderheit der altrussischen Baukunst und revolutionäre Stilneuerung war die Architektur der Zeltdachkirchen. Die Zeltdachkonstruktion entstammt heimischen Überlieferungen der Holzbaukunst. Der gesamte Baukörper wird dabei von dem hoch aufstrebenden Turm überfangen, der mit einer Zeltdachkonstruktion nach oben abgeschlossen ist. Wie Denkmäler wirken diese Bauten, und als solche sind sie auch konzipiert; sie sollen die alles umfassende Macht des Zarentums versinnbildlichen. Eindrucksvolles Beispiel dieser Baugesinnung ist die 1530 bis 1532 errichtete Christi-Himmelfahrts-Kirche in Moskau-Kolomenskoje.

Im 17. Jahrhundert wird die Vielfalt der Bauformen zu einer malerischen, dekorativ bestimmten, verspielten Formensprache gesteigert. Elemente der Volkskunst treten dabei stärker in den Vordergrund. Ziegelmauerwerk wechselt mit weißem Kalksteindekor, farbige Keramikfliesen und Bemalungen steigern noch die Effekte und reizen die dekorativen Möglichkeiten bis an die Grenzen aus. Bei den späten Bauten des sogenannten «Moskauer Barock» in der Mitte des 17. Jahrhunderts, wie etwa bei der Zwölf-Apostel-Kirche im Moskauer Kreml, sind die Fassaden wieder symmetrisch gestaltet, der Grundriß geschlossen, das Baudekor geordnet und vereinfacht. Diese Phase stellt zugleich die letzte der altrussischen Baukunst dar. Seit den Reformen Peters I. orientierte man sich streng an Westeuropa. Dem Abschneiden der langen Bärte und der Säkularisierung der Klöster entsprach die strikte Ablehnung altrussischer Bautraditionen und die beinahe ausschließliche Orientierung nach Westen.

Links: Idyllische Szene aus der gutbürgerlichen Gesellschaft Ende des 18. Jahrhunderts – die jungen Damen erwarten den «Teebesuch des Freiers» (Farblithographie, um 1880).
Rechts: Der Adel pflegte sich den Sommer über aus den Städten in die Weiten Rußlands zurückzuziehen. – Ländliches Picknick (Foto, um 1900).

SERGIJEW POSSAD
PERESLAWL-SALESSKI · ROSTOW WELIKI

Pereaslaw, Burg und Stadt, erreicht man von Moskau, vom Norden sich etwas gegen Aufgang kehrend, nach 24 Meilen. Es liegt an einem See, in welchem man auch die Fische Selgi wie auf der Insel Solowki hat; sehr fruchtbar das Erdreich. Dahin kommt der Fürst nach dem Schnitt und vertreibt mit Jagen die Zeit. In derselben Gegend ist auch ein See, aus dem man Salz siedet. Hier ziehn die entlang, die nach Niederneugarten, Castroma, Jaroslaw und Uglitz reisen. Der großen und vielen Wälder und Sümpfe wegen kann man hier die Meilen nicht sicher errechnen.

Sigmund von Herberstein

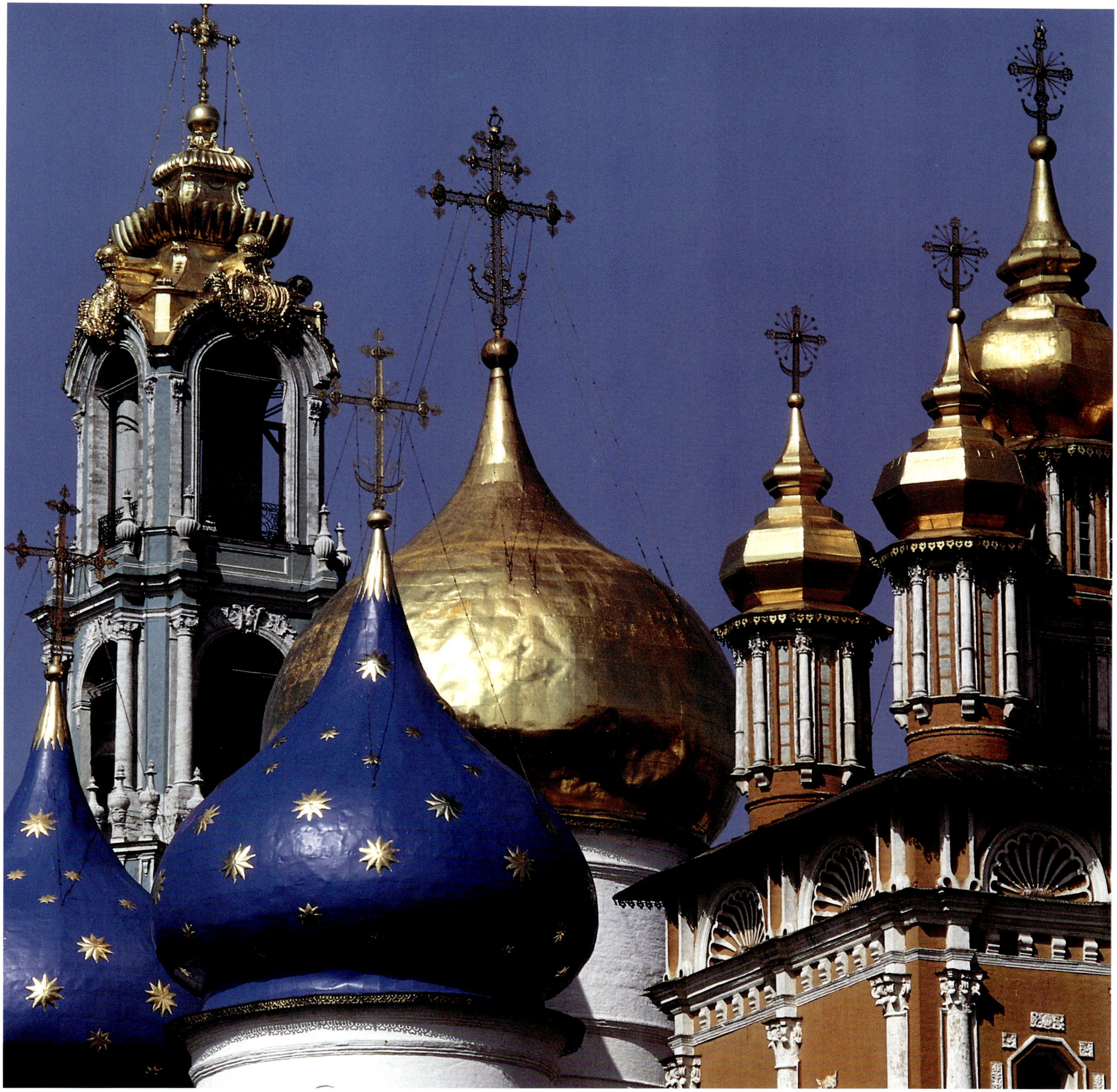

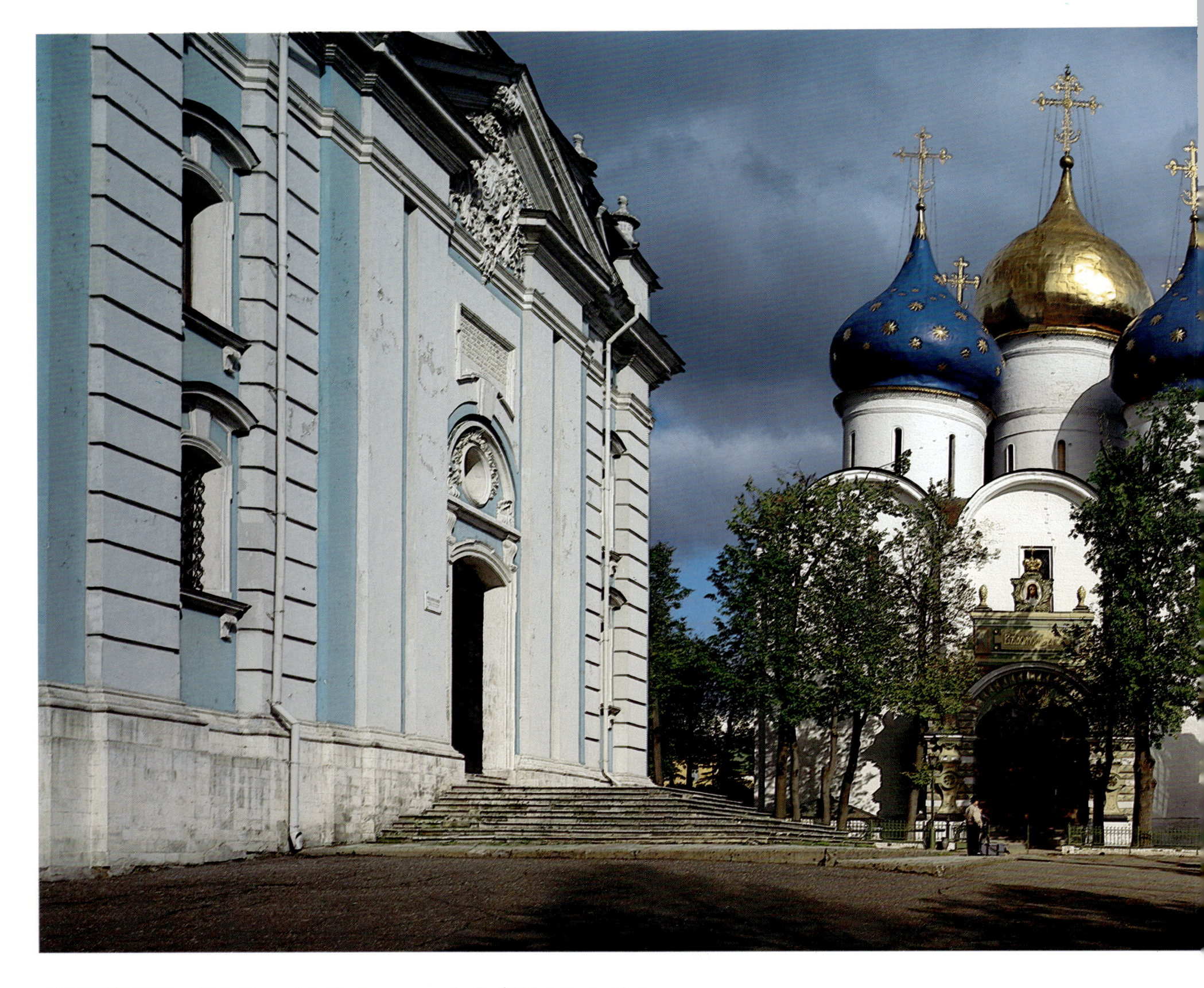

◁ SERGIJEW POSSAD   *Tiefes Blau und strahlendes Gold: die leuchtenden Kuppeln des Dreifaltigkeits-Sergios-Klosters in Sergijew Possad.*

SERGIJEW POSSAD *Die Mariä-Himmelfahrts-Kathedrale im Dreifaltigkeits-Sergios-Kloster fasziniert durch ihre märchenhafte Pracht und fremdartige Harmonie. Im Vordergrund die zierliche Brunnenkapelle; hier wird das «Wasser des heiligen Sergios» geschöpft.*

SERGIJEW POSSAD   *Auch heute noch gehört das Dreifaltigkeits-Sergios-Kloster in Sergijew Possad zu den wichtigsten Zentren der russisch-orthodoxen Kirche: Seit 1945 finden hier wieder Gottesdienste statt ...*

... Gründer und Namenspatron
dieses Klosters ist der Mönch
Sergios von Radonesh (1313 – 1391),
ein bedeutender Führer der Russen
im Kampf gegen die Tataren.

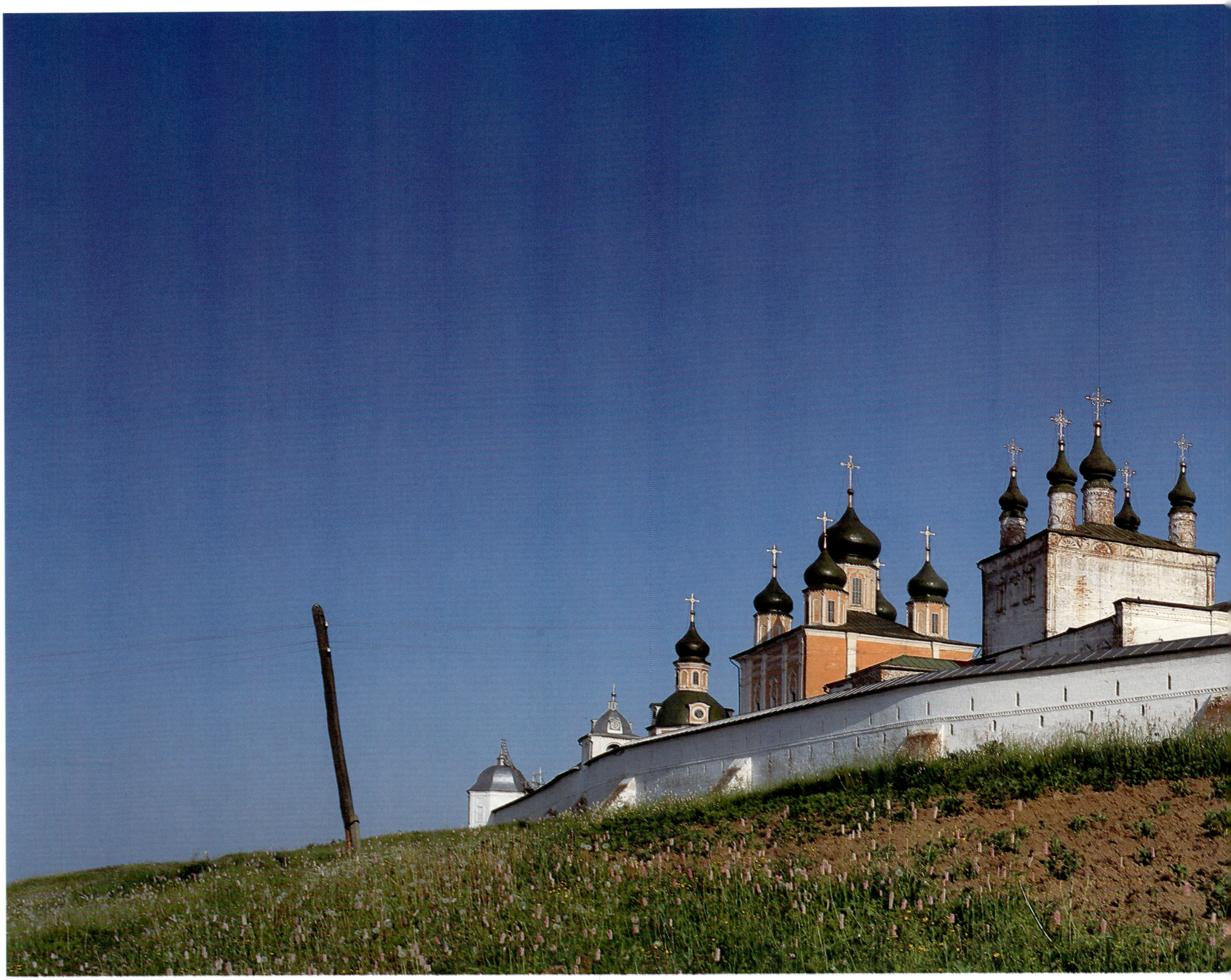

PERESLAWL-SALESSKI *Im Süden des Städtchens Pereslawl-Salesski, nicht weit vom Plesch-tschejewo-See, liegt auf einem Steilhang das in der ersten Hälfte des 14. Jahrhunderts errichtete Bergkloster zu Mariä Himmelfahrt.*

ROSTOW WELIKI *Die kunstvolle Dachkonstruktion eines der mächtigen Türme des Kreml von Rostow Weliki, der als Symbol von Reichtum und Macht der Stadt und ihrer Metropoliten erbaut worden war.*

SERGIJEW POSSAD *Der Ententurm, einer von elf Wehrtürmen des Dreifaltigkeits-Sergios-Klosters in Sergijew Possad. Von hier aus soll Peter der Große Wildenten gejagt haben – weshalb die Turmspitze mit einer steinernen Ente geschmückt ist.*

ROSTOW WELIKI *Blick in die Galerie des Glockenturms und auf die um 1670 errichtete Auferstehungskirche im Kreml von Rostow Weliki. Das besonders schöne Geläut der 15 Glocken war weit über die Grenzen der Rus hinaus berühmt.*

Die 1759 entstandene Ikonostase in der Mariä-Himmelfahrts-Kathedrale gilt als eines der Meisterwerke des russischen Barock. Prächtiges Schnitzwerk umrahmt die einzelnen Bildtafeln.

PERESLAWL-
SALESSKI ▷

108

Wladislaw Goworukhin · Ein Glossar

GEOGRAPHIE · GESCHICHTE · KULTUR

Übersetzt, bearbeitet und ergänzt von Hannelore Umbreit

Zentralrußland – eine Topographie in Stichworten

Schaut man sich Rußland, genauer gesagt: Zentralrußland in seinen heutigen Grenzen, auf der Landkarte an, gleichen die Umrisse einem Sektkelch. Sein breiter Fuß ruht auf dem Gebirgsmassiv des Großen Kaukasus mit dem 5 642 Meter hohen Elbrus. Den östlichen Rand bildet der Ural mit dem Berg Narodnaja (1 895 m), die westliche Begrenzung entsteht durch die Waldai-Höhen und die sanften Mittelrussischen Erhebungen. Über dem Schalenrand, im Norden, sind wie Sektspritzer die Inseln des Weißen Meeres und der Barentssee verstreut. Drei Flußläufe – Oka, Don und Kama – zerschneiden das flache Land in Nord-Süd-Richtung. Es sind Zuflüsse der Wolga, die mit ihren 3 530 Kilometer Länge zu den längsten Strömen Europas zählt. An den Ufern der Wolga, die im Waldai entspringt und nach einem Weg durch ganz Rußland in das Kaspische Meer einmündet, liegen industrielle Zentren wie Twer, Jaroslawl, Nishni Nowgorod, Samara, Saratow, Wolgograd oder Astrachan. In Süd-Nord-Richtung strömen die – aus dem Onega-See kommende – Onega sowie die Nördliche Dwina und die Petschora, die im Ural ihren Ursprung haben und im Weißen Meer bzw. in der Barentssee enden. Längster dieser Flüsse ist die Petschora mit ihren etwa 1 700 Kilometern. Seit Mitte des 16. Jahrhunderts besitzt Rußland zwei Zugänge zum Meer: im Süden – über Astrachan – zum Kaspischen Meer und im Norden – über Archangelsk – zum Weißen Meer. Zu Beginn des 18. Jahrhunderts schuf Peter I. zwei weitere Meeresverbindungen für das Land: über Petersburg zur Ostsee und über Asow zum Schwarzen Meer. Als größte Hafenstädte Rußlands gelten das dank des warmen Golfstroms praktisch eisfreie Murmansk, Sewero-Dwinsk, Archangelsk und Sankt Petersburg im Norden sowie Rostow am Don, Noworossisk und Sewastopol im Süden. Sie waren stets Drehscheiben im Ost-West-Handel des Landes.

Klimatische Voraussetzungen

Obwohl sich Rußland zwischen dem 45. und dem 70. Breitengrad – also etwa zwischen Barcelona und Reykjavik – erstreckt, zeigt die Landschaft kaum schroffe Gegensätze. Im Süden finden sich vorherrschend Ebenen mit Grassteppen, die im zentralen Teil in ausgedehnte Laub- und Nadelwälder und nach Norden zu in Buschland, Waldtundra, die moos- und flechtenbewachsene Tundra und schließlich in Dauerfrostzonen übergehen. Zentralrußland, das die gesamte Osteuropäische Tiefebene einnimmt, mißt von West nach Ost lediglich rund 2 000 Kilometer und ist so erheblich kleiner als das in gleicher Richtung sich über 5 400 Kilometer hinziehende Sibirien, während es diesem von Nord nach Süd mit etwa 3 000 Kilometern Ausdehnung gleichkommt. Die Fläche Rußlands entspricht der von Polen, Deutschland, Frankreich, Spanien, Portugal, Italien und Großbritannien zusammengenommen. Ungeachtet des riesigen Territoriums ist das Klima allenthalben gemäßigt kontinental mit Jahresmitteltemperaturen von 10 bis 15 Grad Celsius im Januar und 20 bis 25 Grad Celsius im Juli, auch wenn allein schon im Gebiet Moskau bisweilen Extremwerte von minus 40 Grad im Winter oder 38 Grad im Sommer gemessen werden. Bezieht man noch die äußeren Punkte – das südliche Astrachan und das nördliche Archangelsk – in die Betrachtung ein, fallen die Temperaturunterschiede allerdings gewaltig aus. Im Winter sinkt die Quecksilbersäule in Astrachan kaum unter Null, während es in Archangelsk regelmäßig kälter als minus 15 Grad ist. Die jährliche durchschnittliche Niederschlagsmenge schwankt zwischen 500 und 1000 Millimeter. Im Norden fallen nicht selten mehr als zwei Meter Schnee. Als gutes Wintersportgebiet gelten die Waldai-Höhen, im Sommer erholen sich die Russen gern am warmen, nur schwach salzigen Schwarzen Meer. Oder sie sonnen sich am Kaspischen Meer, das wegen seiner riesigen Ausmaße von 371 000 Quadratkilometern zum Meer «avancierte», eigentlich aber ein flacher Binnensee ist.

Bevölkerung und Sprache

Die frühesten Anfänge der russischen Nation sind nicht leicht zurückzuverfolgen. Es läßt sich keine eng begrenzte «Urheimat» belegen, da slawische Stämme von den Karpaten bis zur Wolga und vom Ladoga-See bis zum Dnestr siedelten. Der Kern des einheitlichen altrussischen Volkstums wird gemeinhin im Dnepr-Gebiet lokalisiert, wo sich mit Kiew, Tschernigow oder Smolensk Horte des politischen Gemeinwesens entwickeln konnten. Im 9./10. Jahr-

Fürst Juri Dolgoruki, der einer Chronik zufolge im Jahr 1147 den Fürsten von Nowgorod zu einer Feier in ein «befestigtes Örtchen namens Moskau» einlud und damit als Gründer der russischen Hauptstadt in die Geschichte einging.

Folgende Doppelseite: Urzeitliche Landschaft bei Tscherepowez – die gestauten Wasser von Wolga, Mologa, Suda und Scheksna bilden riesige Sumpf- und Überschwemmungsgebiete rings um den Rybinsker Stausee.

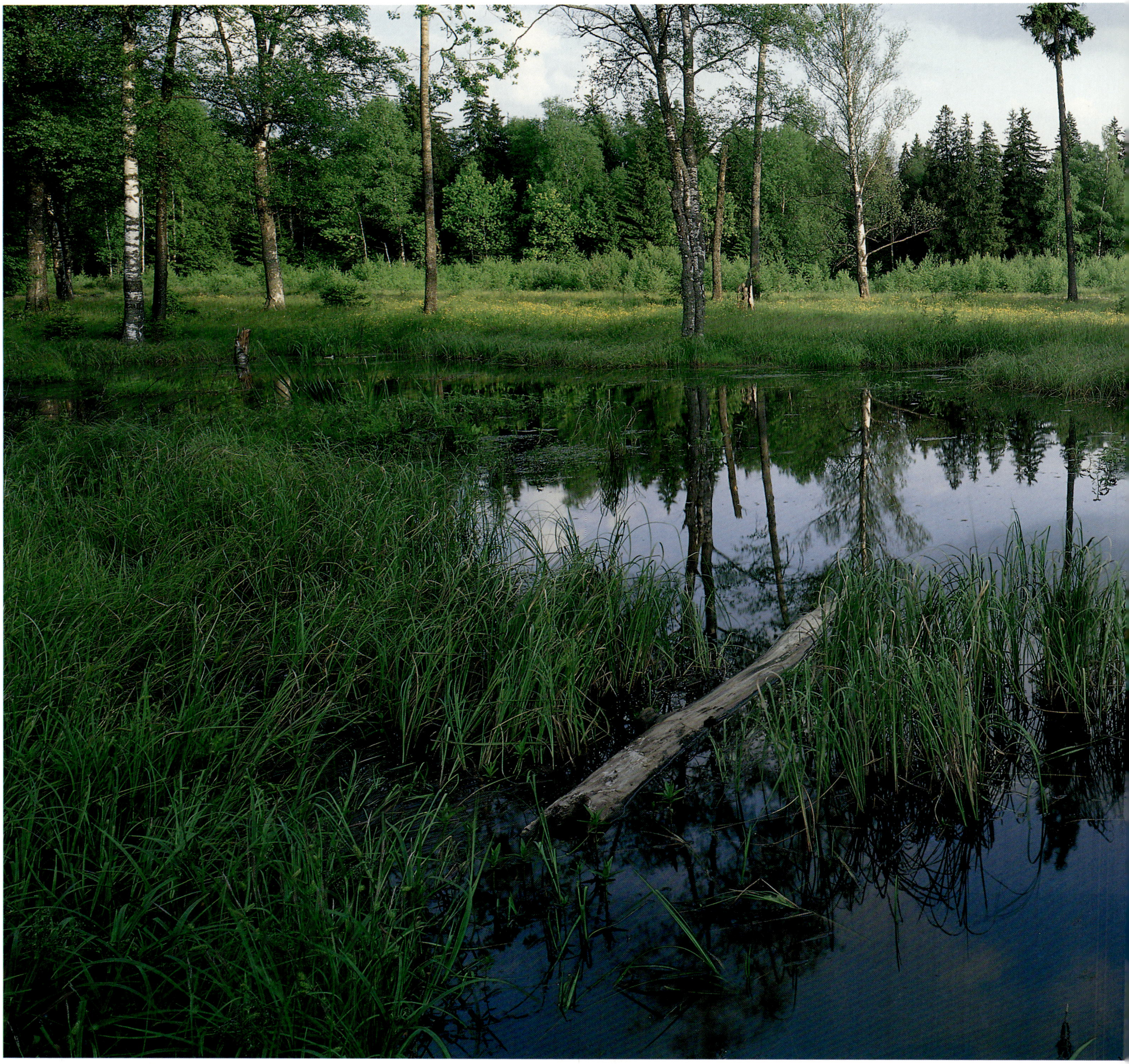

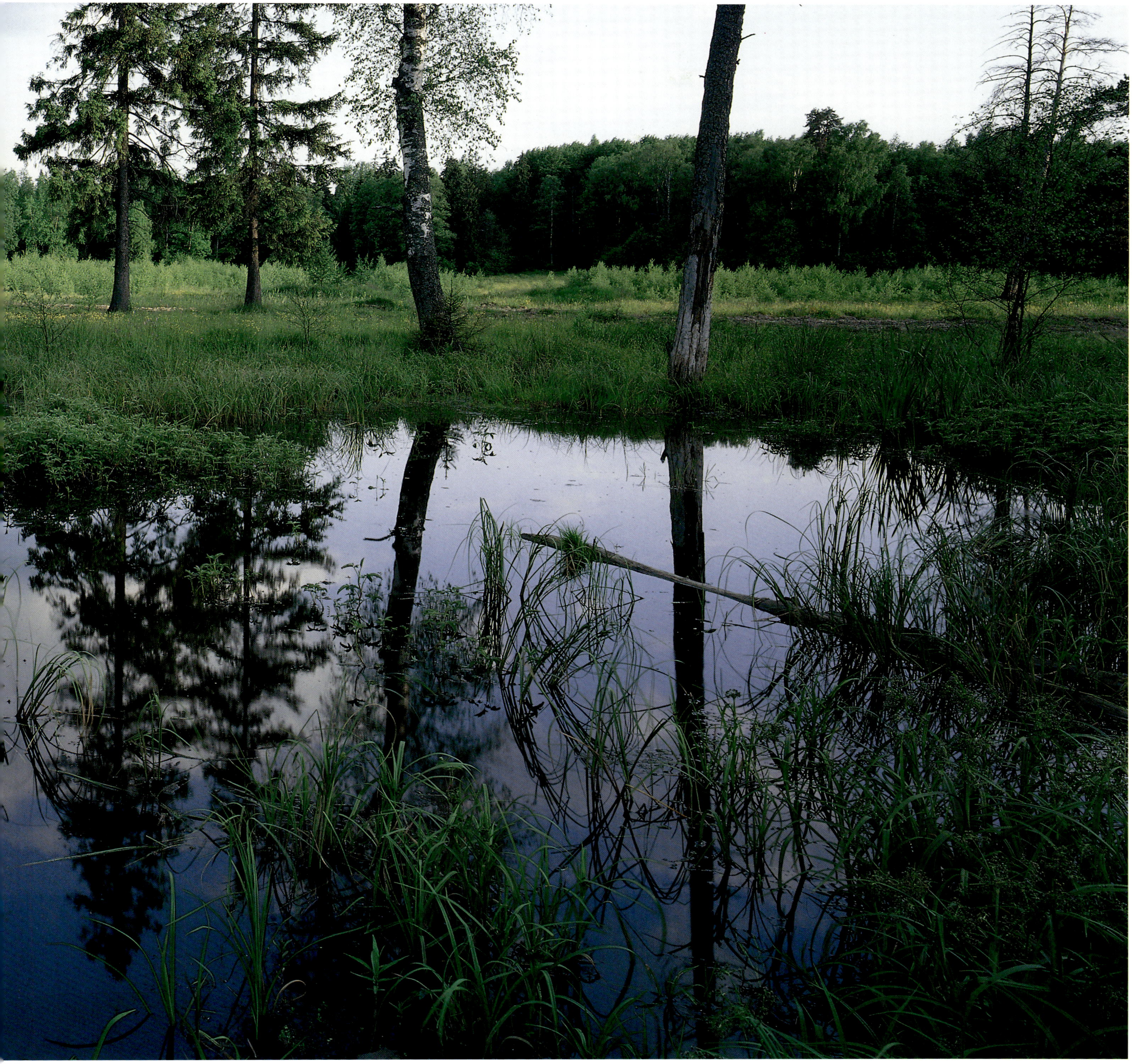

hundert entstand aus der Vereinigung der ostslawischen Stämme und dem Zusammengehen von Kiew und Nowgorod das erste frühfeudale Staatengebilde, die *Kiewer Rus*. Die Bezeichnung *Rus* könnte in Beziehung stehen zu dem Wort *rusyj*, «blond», da die altrussischen Fürsten hellhaarig und braunäugig waren. Erst die beinahe dreihundertfünfzigjährige Periode feudaler Zersplitterung und blutiger Fürstenfehden nach dem Niedergang der *Kiewer Rus* Anfang des 12. Jahrhunderts legte die Keime für die Unterscheidung ver-

Der Onega-See, mit rund 9 800 Quadratkilometern der zweitgrößte Binnensee Europas, während fünf Monaten des Jahres mit Eis bedeckt.

schiedener Völker innerhalb des einheitlichen altrussischen Volkstums. Jedoch blieben Russen (Großrussen), Belorussen (Weißrussen) und Ukrainer (Kleinrussen) in wechselvollen Geschicken – so der zweieinhalb Jahrhunderte währenden Herrschaft der mongolisch-tatarischen «Goldenen Horde» – eng verbunden.

Es wäre falsch anzunehmen, daß in Rußland nur Russen wohnen. Ihr Anteil an der Bevölkerung des europäischen Teils beträgt etwa 75 Prozent, während 15 Prozent Ukrainer und Belorussen, drei Prozent Tataren, ein Prozent Juden und sechs Prozent andere Völkerschaften ausmachen. Als Staatssprache gilt Russisch, das vom Ostslawischen herkommt und deshalb zahlreiche Gemeinsamkeiten mit dem Belorussischen und dem Ukrainischen aufweist. Sein Schriftbild, das Kyrillische, prägten im 9. Jahrhundert die Slawenapostel Kyrill und Method nach dem Vorbild des griechischen Alphabets. Anfang des 18. Jahrhunderts befahl Peter I. eine weitreichende Sprachreform. Heute unterscheidet man zwei grundlegende dialektale Varianten, eine südrussische mit Aussprache des «o» wie «a» und eine nordrussische, in der umgekehrt das «o» pronconciert wird.

Der Goldene Ring

Zwei außerordentlich wichtige Regionen – Kerngebiete russischer Geschichte und Kultur – sind der sogenannte Goldene Ring und der Russische Norden. Die Bezeichnung Goldener Ring, die erst Anfang der siebziger Jahre in Rußland geprägt wurde, steht dabei für eine Plejade altrussischer Städte nordöstlich von Moskau, zu denen in erster Linie Wladimir, Susdal, Jaroslawl, Rostow Weliki, Sergijew Possad, Pereslawl-Salesski und Kostroma zählen. Die metaphorische Benennung verweist auf historischkulturelle Zusammenhänge zwischen diesen Städten, deren mittelalterliche Architekturdenkmäler im Schmuck vergoldeter Zwiebelkuppeln prangen. Zugleich bringt diese Bezeichnung das Wesen der milden mittelrussischen Landschaft zum Ausdruck, die besonders in der herbstlichen Jahreszeit mit ihren goldenen Wäldern und Fluren unvergeßlichen Reiz besitzt. Die Städte des Goldenen Rings entstanden zwischen dem 9. und 11. Jahrhundert als nordwestliche Bollwerke der *Kiewer Rus*, weshalb sie zumeist einen Kreml, eine befestigte Stadtburg, zu ihrem Kern haben. Der natürliche Reichtum Mittelrußlands und der vorteilhafte geographische Standort an Handelswegen sowie im Einzugsgebiet schiffbarer Flüsse ließen ihre Bevölkerung rasch auf 10 000 bis 20 000 Einwohner anwachsen. Sie wurden bedeutende Metropolen mächtiger Fürstentümer, deren Einfluß auf das russische Staatswesen mit der Auflösung der *Kiewer Rus* noch zunahm. Im Kampf gegen die 1237/1238 eingefallenen mongolisch-tatarischen Horden stellte sich jedoch das bis dahin unbedeutende Moskau an die Spitze und ließ die stolzen Fürstentümer ab Ende des 14. Jahrhunderts zur Provinz absteigen. Doch legen zahlreiche Kleinodien sakraler und weltlicher Baukunst noch heute beredtes Zeugnis ab von der großen Geschichte dieses Kulturraums. Im Ensemble der Städte des Goldenen Rings konnte die altrussische Baukunst erstaunlich lebendig und vielgestaltig überdauern. Eine solche Konzentration guterhaltener Klöster, Kathedralen, Residenzen und Profanbauten sucht in ganz Rußland ihresgleichen und erhebt den Goldenen Ring zu einer einzigartigen Kulturlandschaft Europas.

Der Russische Norden

Die als Russischer Norden bezeichnete Region erstreckt sich von den Gebieten Pskow und Nowgorod mit ihren gleichnamigen Metropolen sowie dem karelischen Onega-See und seinem Umland bis hinauf nach Archangelsk und Murmansk hinter dem Polarkreis. Über Jahrhunderte hinweg lebten hier Slawen, Pomoren, Karelier, Saamen, Nenzen und viele andere Völkerschaften von Pelztierjagd, Fischfang und Ackerbau. Zwischen dem 12. und 15. Jahrhundert bestanden in Nowgorod und Pskow große feudale Stadtrepubliken, wo – stark abweichend von den übrigen Teilen der *Rus* – nicht Erbfürsten uneingeschränkte Gewalt ausübten, sondern das *Wetsche*, die Versammlung aller freien Bürger, herrschte. Als höchstes gesetzgebendes Organ konnte es einen Fürsten «einladen», über Krieg und Frieden befinden und über alle wichtigen, die Republik betreffenden Angelegenheiten entscheiden. Selbst die russisch-orthodoxe Kirche besaß in den nördlichen Feudalrepubliken ihre Eigenart: Die Bischöfe wurden nicht von Kiew entsandt, sondern unter der örtlichen Geistlichkeit gewählt und trugen weltliche Verantwortung für die weitreichenden auswärtigen Beziehungen des Fürstentums. Die liberale Geisteshaltung der auf blühendem Handel und hochentwickeltem Handwerk fußenden Patrizierrepubliken begünstigte das Aufkommen zahlreicher Ketzerbewegungen und Volksunruhen, förderte zugleich aber auch das Freischärlertum – eine Eigenheit des Russischen Nordens. Trupps wagemutiger *Uschkuiniki* – von *uschkuika*, «Flußschiff» – durchstreiften die sumpfreichen Gebiete, erkundeten beispielsweise die Kola-Halbinsel, die Weißmeer-Küste oder die Inseln des nördlichen Eismeers und waren Wegbereiter für die Handelskarawanen. Zwar gerieten die Nowgorod-Pskower Staatengebilde Ende des 15. Jahrhunderts unter Moskauer Herrschaft, doch ist der Russische Norden traditionell auf Sankt Petersburg bezogen. Die einstigen Metropolen mußten ihre wirtschaftliche Macht an die neue Hauptstadt abtreten, ihnen bleibt jedoch der Ruhm, «der tapferen Slawen heilige Wiege» zu sein. Hierher nämlich sollen Überlieferungen zufolge die Ilmenslawen im 9. Jahrhundert den legendären Normannenfürsten Rurik eingeladen haben, damit er im Nowgoroder Land regiere. Während der Sowjetzeit war der geschichtsträchtige, an natürlichen Schätzen reiche Russische Norden aber auch ein Ort des Grauens und der Massenvernichtung. Beispielsweise befand sich auf den Solowezki-Inseln im Weißmeer eines der furchtbarsten Großlager des Stalinschen Gulag.

Daten zur Geschichte

9./10. Jahrhundert Die *Kiewer Rus* entsteht.
988 Beginn der offiziellen Christianisierung Rußlands unter dem Kiewer Fürsten Wladimir Swjatoslawitsch.
Anfang 12. Jahrhundert Herausbildung neuer Fürstenzentren um Rostow-Wladimir-Susdal und Nowgorod-Pskow nach dem Niedergang der *Kiewer Rus.*
1147 Moskau wird gegründet. 
1238 Erste Einfälle mongolisch-tatarischer Reiterhorden markieren den Beginn der zweieinhalb Jahrhunderte währenden Mongolenherrschaft.
1240/1242 Der Nowgoroder Fürst Alexander Newski sichert mit seinen Siegen über die Schweden an der Newa sowie über die livländischen Ordensritter auf dem Eis des Peipus-Sees die Nordwestgrenze Rußlands.
1380 Der Moskowiter Großfürst Dmitri Donskoi schlägt auf dem Kulikowo-Feld am oberen Don erstmals Chan Mamai.
1480 Endgültige Befreiung von der Mongolenherrschaft.
Ende 15. Jahrhundert Nach Vereinigung der russischen Teilfürstentümer hat sich der neue Zentralstaat *Moskauer Rus* herausgebildet.
1547 Krönung Iwans IV. zum ersten Herrscher über «ganz Rußland».
1558–1582 Livländischer Krieg gegen Schweden und Polen-Litauen. 
1582 Beginn der Eroberung Sibiriens.
1605–1612 Polnische Invasion. Eine nationale Volkswehr unter Kusma Minin und Dmitri Posharski vertreibt die Eindringlinge aus Moskau.
1613 Die Zarendynastie der Romanows kommt an die Macht.
1649 Die Leibeigenschaft wird gesetzlich verankert.
1654 Wiedervereinigung der Ukraine mit Rußland.
17. Jahrhundert Gewaltige Bauernaufstände unter Iwan Bolotnikow und Stepan Rasin.
1700–1725 Zeit der Petrinschen Reformen, mit denen Zar Peter I. eine Öffnung Rußlands nach Westen durchsetzt.
1735–1739 Russisch-türkischer Krieg. Anschluß der Krim an Rußland.
1762–1796 Unter Katharina II. wird das Russische Reich Weltmacht.
November 1812 Marschall Michail Kutusow kann den in Rußland eingefallenen Napoleon an der Beresina entscheidend schlagen.
1861 Aufhebung der Leibeigenschaft.
1905–1907 Erste bürgerliche Revolution.
1917 Nach dem Sturz des Zaren Nikolai II. in der zweiten bürgerlichen Revolution im Februar übernehmen mit dem Sturm auf das Winterpalais im Oktober 1917 die Bolschewiki unter Wladimir Iljitsch Lenin die Macht in Rußland.
1918–1922 Bürgerkrieg zwischen Rotgardisten und Weißgardisten.
30.12.1922 Gründung der Union der Sozialistischen Sowjetrepubliken mit Moskau als Zentrum.
1924 Tod Lenins und Machtantritt von Jossif Wissarionowitsch Stalin.
1930–1941 Aufbau des Sowjetstaats. 1937 erste große Welle stalinscher Repressionen. 
1941–1945 «Großer Vaterländischer Krieg» gegen Hitlerdeutschland nach dem deutschen Angriff auf die UdSSR am 22.6.1941. Am 8.5.1945 Kapitulation Deutschlands.
1953 Tod Stalins und Wahl Nikita Chruschtschows zum Generalsekretär der Kommunistischen Partei.
1956 Nach der Kritik des Stalinismus auf dem 22. Parteitag der KPdSU setzt mit vorsichtigen Reformen die Periode des Tauwetters ein.
1964 Entmachtung Chruschtschows im Zuge eines Staatsstreichs. Die Machtergreifung Leonid Breshnews eröffnet die Periode langanhaltender Stagnation.
August 1968 Sowjetische Soldaten besetzen Prag.
Dezember 1979 Einmarsch sowjetischer Truppen in Afghanistan.
1982 Tod Breshnews.
März 1985 Die Wahl Michail Gorbatschows markiert den Anfang der Perestroika, der ökonomisch-politischen Umgestaltung der Sowjetunion.
1992 Zerfall der UdSSR und Bildung der Gemeinschaft Unabhängiger Staaten.
1994–1998 Unter Boris Jelzin als Präsident der Russischen Föderation Kurs auf marktwirtschaftliche Ökonomie und Demokratisierung, aber auch blutiger Krieg in Tschetschenien.

Links: «Petrus im Gefängnis». Bronzerelief der Magdeburger Tür des Westportals der Sophienkathedrale in Nowgorod. Die kunstvollen Reliefs wurden im 12. Jahrhundert von Erzgießern aus Magdeburg gefertigt.
Mitte: Mit dem «Blutigen Sonntag» am 9. Januar 1905 begann die erste russische Revolution. Das Bild zeigt den rücksichtslosen Einsatz von Soldaten gegen streikende Arbeiter und Arbeiterinnen in Sankt Petersburg.
Rechts: Die Konferenz von Jalta im Februar 1945, bei der die Alliierten kurz vor Ende des Zweiten Weltkriegs unter anderem die Nachkriegspolitik gegenüber dem besiegten Deutschland festlegten.
Von links nach rechts: Winston Churchill, Franklin D. Roosevelt, Jossif W. Stalin.

Links oben: Die Christi-Verklärungs-Kirche aus dem Jahr 1714 (links) und die 1764 errichtete Mariä-Schutz-und-Fürbitte-Kirche (rechts) – Meisterwerke der Holzbaukunst auf der Insel Kishi.
Links unten: Klassizistischer Rundpavillon an der großzügig angelegten Wolga-Promenade in Jaroslawl.
Mitte: Blick auf den Hafen von Jaroslawl an der hier achthundert Meter breiten Wolga.

Wichtige Städte von A bis Z

Jaroslawl Gebietshauptstadt mit circa 800 000 Einwohnern, die sich 250 Kilometer nördlich von Moskau inmitten einer zauberhaften Flußlandschaft, an der Mündung des Kotorosl in die Wolga, ausbreitet und als industrielles sowie verkehrstechnisches Zentrum erhebliche Bedeutung für Mittelrußland besitzt.

Das 1010 von Jaroslaw dem Weisen gegründete Jaroslawl sicherte seinen Herrschern die Kontrolle über die wichtigen Wasserwege zwischen Nero-See und Wolga, konnte so 1218 zur Metropole eines eigenen Fürstentums aufsteigen und ging 1463 in den Moskauer Zentralstaat ein. Im 17. bis 18. Jahrhundert galt die «Wolgaer Erststadt» als Warenumschlagplatz für den Handel mit dem Nahen und Mittleren Osten sowie – über den Weißmeerhafen Archangelsk – mit dem westlichen Europa.

Der reichgewordenen Kaufmannschaft des Possad, der Händler- und Handwerkervorstadt, verdankt Jaroslawl denn auch prägende Zeugnisse altrussischer Kunst und Architektur. So stifteten Kaufleute das älteste Gemeindegotteshaus der Stadt, die Nikola-Nadein-Kirche (1620/22), aber auch die Christi-Geburts-Kirche (1635/44), die Prophet-Elias-Kirche (1647/50), die Johannes-Chrysostomos-Kirche (1649/54) oder die Kirche zu Christi Erscheinen (1684/93).

Die Weltläufigkeit der Jaroslawler inspirierte zugleich die örtliche Heiligenmalerei: Die hier entstandenen Fresken und Ikonen sind einzigartig in ihrer Farbenfreude, ihrem Detailreichtum und Realitätssinn. Glasierte Kacheln – das bevorzugte Außendekor der meisten historischen Bauten – waren das unverwechselbare Kennzeichen der Jaroslawler Architekturschule. Als ältestes erhaltenes Denkmal der Baukunst gilt das wehrhafte Christi-Verklärungs-Kloster aus dem 12. Jahrhundert, das zugleich die Funktion des Kreml innehatte. Hier entdeckte man durch Zufall eine Abschrift des «Igorliedes», der gleichfalls aus dem 12. Jahrhundert stammenden bedeutendsten altrussischen Heldendichtung.

15 Kilometer von Jaroslawl entfernt liegt in dem schönen alten Dorf *Karabicha* der Landsitz des russischen Dichters Nikolai Nekrassow (1821–1878). In der Siedlung *Nikulskoje*, 26 Kilometer südwestlich der Stadt, wurde 1937 die erste Kosmonautin der Welt, Walentina Tereschkowa, geboren.

Kishi Kleine Insel im Onega-See, deren Entfernung zu *Petrosawodsk*, der Hauptstadt der Autonomen Republik Karelien, etwa 66 Kilometer – oder eine Stunde Fahrzeit mit dem Tragflächenboot – beträgt. Der Name Kishi rührt vom karelischen «kishat» her und bezeichnet einen Ort heidnischer Rituale. Vor mehr als fünfhundert Jahren war die Insel bereits Vasall der Nowgoroder Bojarenrepublik.

Heute ist Kishi Freilichtmuseum, wo kostbare alte Holzbauten von den 1650 Onega-Inseln sowie aus den Dörfern der Uferregion vereint sind. Unter dem weiten karelischen Himmel spiegeln sich Kirchen und Wegkapellen im Wasser, stehen auf grünen Hügeln Mühlen und Kornspeicher, lassen geduckte Hütten das bäuerliche Leben Nordrußlands lebendig werden. Beherrscht wird das Kishi-Ensemble von der Kirche zu Christi Verklärung mit ihren 22 bauchigen Kuppeln, die sich bis zu 37 Meter über den Onega-See erheben. Das 1714 errichtete Bauwerk besitzt in seinem Inneren eine Ikonenwand mit einprägsamen Beispielen nordrussischer Heiligenmalerei. Die zweite Hauptkirche der Insel, die neunkuppelige Kirche zu Mariä Schutz und Fürbitte, stammt aus dem Jahr 1764. Die Schöpfer dieser angeblich ohne einen einzigen Nagel erbauten hölzernen Wunderwerke blieben unbekannt. Legenden schreiben die Verklärungskirche einem Meister Nestor zu, der nach dem letzten Beilhieb seine Axt in das Wasser geworfen und nie mehr Vergleichbares geschaffen haben soll.

Kostroma Gebietshauptstadt mit rund 280 000 Einwohnern, die 76 Kilometer von Jaroslawl entfernt, an der Mündung der Kostroma in die Wolga liegt und über einen bedeutenden Flußhafen verfügt.

Als Gründer Kostromas gilt Fürst Juri Dolgoruki, dem zahlreiche altrussische Städte – zum Beispiel *Jurjew-Polski* oder Pereslawl-Salesski, aber auch Moskau – ihre Existenz verdanken. Die Stadtanlage dominieren zwei Achsen, von denen die eine parallel zum Fluß und die andere im rechten Winkel dazu verläuft. Der Kreml als einstiger Siedlungskern blieb nicht erhalten, das kulturhistorische Antlitz der Stadt wird heute von Bauwerken aus dem 16. und 17. Jahrhundert geprägt. Die Christi-Auferstehungskirche «im Walde» (1652 errichtet) ist nicht nur eine der prächtigsten Kathedralen im Wolga-Raum, sondern konnte ihre eigentliche Bestimmung als Gotteshaus auch kontinuierlich über die wechselnden Zeitläufe hinweg bewahren.

Kostroma galt als Wiege der Erneuerungen in der baubezogenen Kunst des russischen Mittelalters. Kostromaer Meister, allen voran die Heiligenmaler Guri Nikitin und Sila Slawin, begründeten eine sehr weltliche, sinnenfreudige Freskenschule, der die 78 Bilder umfassende Ikonenwand der Dreifaltigkeitskathedrale aus dem Jahr 1652 ein bleibendes Denkmal setzt.

Mit Kostroma verbunden ist gleichfalls das reiche Bojarengeschlecht der Godunows. Ihnen gehörte das Dorf *Krasnoje* unweit der Stadt, wo sie 1592 die Kirche der Erscheinung Christi errichten ließen. Ebenso wurde das Ipatjew-Kloster an der Mündung der Kostroma in die Wolga vornehmlich von den Godunows finanziert. Das Klostergelände schmückt noch heute eine vom Typus her seltene Dreibogen-Glockenwand aus dem Jahr 1602. Im Kostromaer Freilichtmuseum für Holzbaukunst der nördlichen *Rus* sind wertvolle hölzerne Bauwerke – Wohnhäuser, Wirtschaftsgebäude oder Kirchen – zu besichtigen.

Oben: Die 1652 errichtete Christi-Auferstehungs-Kirche im Walde in Kostroma, nach dem Vorbild der Jaroslawler Kirchen gestaltet. Der walmdachgedeckte, würfelförmige Bau trägt fünf Türme mit markanten geschuppten Zwiebelkuppeln.
Unten: Die 1552 erbaute Gottesmutter-Kathedrale aus dem Dorf Chom im Museum für Holzbaukunst in Kostroma, das älteste hölzerne Bauwerk der Region.

Fortsetzung Seite 129

JAROSLAWL · KOSTROMA WLADIMIR

Wladimir, im Jahre 1108 von Wladimir II. Monomach gegründet, ist eine der ältesten Städte Rußlands. Der Enkel Wladimirs ernannte sie zur Hauptstadt des Landes, und sie blieb es 170 Jahre lang; später wurde sie Hauptstadt eines großen Gouvernements. ...
Die Demetrius-Kathedrale stammt aus dem 12. Jahrhundert: sie ist mit einem vergoldeten Zwiebelturm gekrönt und trägt ein wundervoll besticktes weißes Gewand; in der Himmelfahrts-Kathedrale, die besonders schön ist mit ihren fünf Zwiebeltürmen, finden sich Fresken von Rublew.

Simone de Beauvoir

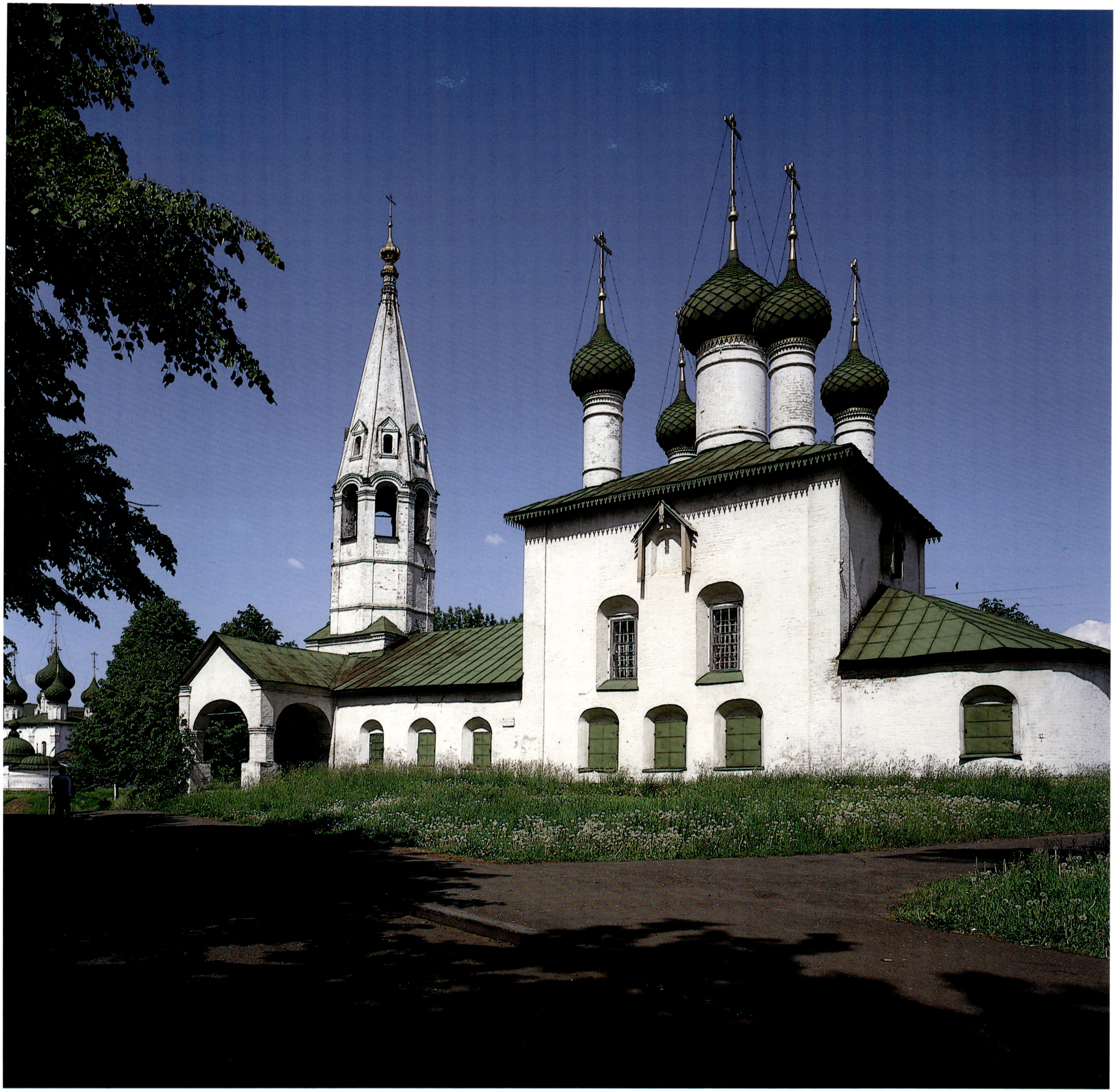

◁ JAROSLAWL *In ihrer betonten Schlichtheit erinnert die 1695 errichtete Nikola-Rubleny-Kirche in Jaroslawl an eine Dorfkirche. Der Bau aus fünfkuppeligem Gotteshaus, Refektorium und Zeltdachglockenturm beeindruckt durch seine ausgewogenen Proportionen.*

KOSTROMA Unweit der Mündung der Kostroma in die Wolga liegt das Ipatjew-Kloster, das der Legende nach 1330 vom tatarischen Fürsten Tschet gestiftet wurde. Die goldenen Kuppeln der Dreifaltigkeitskathedrale sind weithin sichtbar.

JAROSLAWL *Vom Glockenturm des Erlöserklosters fällt der Blick auf den langgestreckten Bau der Mönchszellen, auf die 1657 bis 1680 erbaute Erzengel-Michael-Kirche, deren wuchtiger Unterbau als Warenspeicher diente (im Hintergrund rechts)...*

... *und auf den Kotorosl, der zusammen mit der Wolga, in die er mündet, den alten Stadtkern Jaroslawls umschließt.*

122

KOSTROMA Die mit Ikonen aus dem 17. Jahrhundert bestückte prächtige Ikonostase der Dreifaltigkeitskathedrale haben ortsansässige Meister geschnitzt. Moskauer Künstler des 16. Jahrhunderts fertigten die Türen aus vergoldetem Kupferblech.

JAROSLAWL *Die bis heute unversehrten, farbenprächtigen Fresken der Prophet-Elias-Kirche stammen aus dem Jahr 1860. Die Szenen aus der Bibel sind hier eher volkstümlich-märchenhaft dargestellt, wie es für die frühe Jaroslawler Schule kennzeichnend ist ...*

… im Gegensatz dazu wirken die goldgefaßten Ikonen der barocken Ikonostase fast streng. Auf der Heiligen Tür, die den Kirchenraum mit dem Altarraum verbindet, sind die vier Evangelisten sowie eine Darstellung der Verkündigung an Maria zu sehen.

KOSTROMA *Die Handelsreihen von Kostroma. Dieses alte Handelszentrum der Stadt besteht aus über zehn hervorragend erhaltenen frühklassizistischen Gebäuden. Im Bild die Schönen Reihen.*

Der erst 1810 erbaute Glockenturm der Mariä-Himmelfahrts-Kathedrale, bei dem sich klassizistische und neugotische Elemente verbinden, fügt sich harmonisch an das im 12. Jahrhundert entstandene Gotteshaus mit seinen fünf goldglänzenden Kuppeln.

WLADIMIR ▷

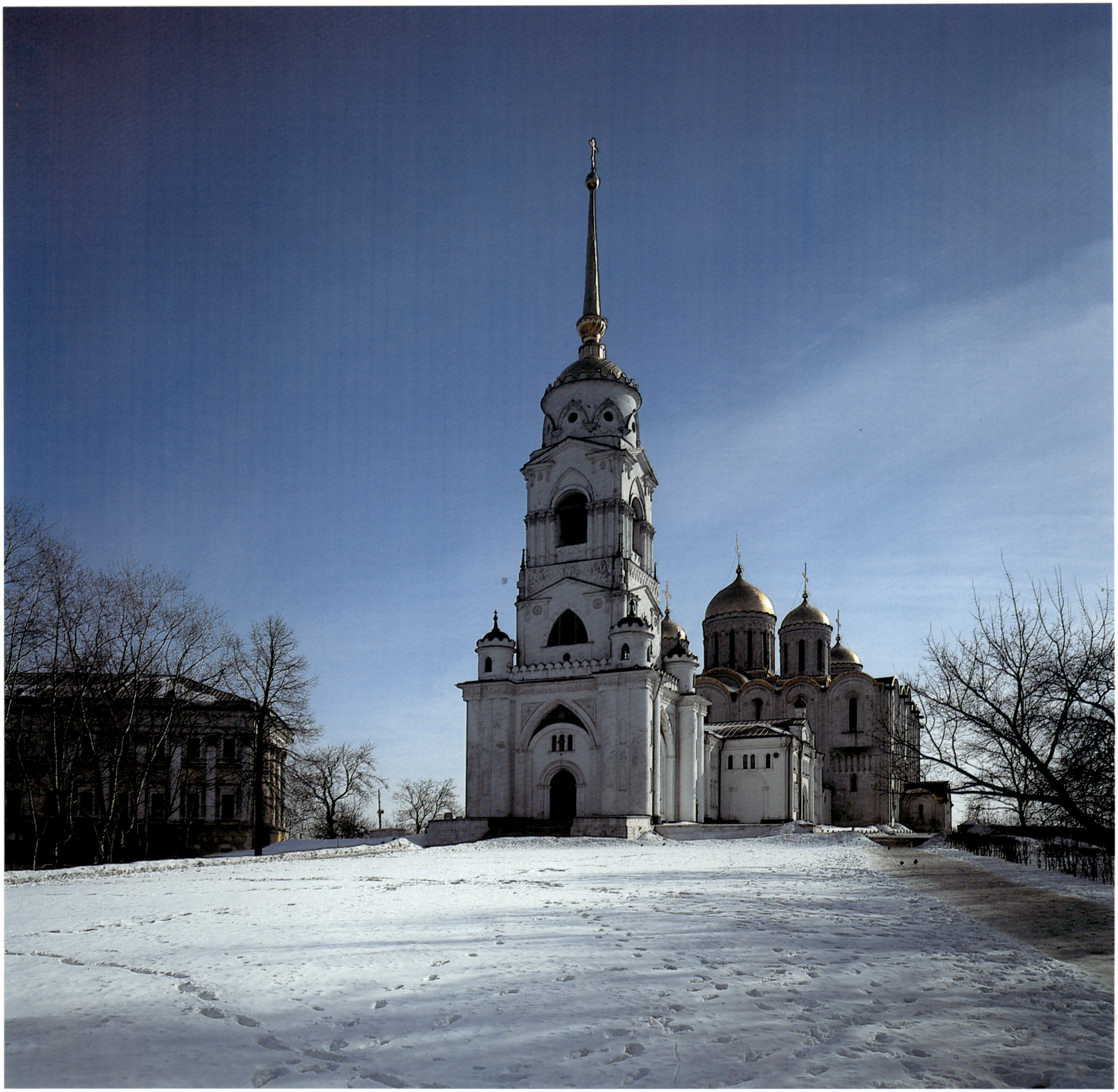

Moskau Hektische Zehn-Millionen-Metropole, mit einer Nord-Süd-Ausdehnung von mehr als 50 Kilometern und einer Ost-West-Ausdehnung von immerhin 35 Kilometern die größte Stadt Rußlands. Moskau als Zentrum der Russischen Föderation war bis 1991 gleichzeitig Hauptstadt der Union der Sozialistischen Sowjetrepubliken, die der Kommune eine politische, ökonomische und kulturelle Vorzugsstellung, aber auch spürbaren Mangel, Verfall und Unregierbarkeit hinterließ.

Seit Fürst Juri Dolgoruki 1147 auf einem Plateau an der Mündung der Neglinnaja in die Moskwa eine hölzerne Feste errichtete, breitet sich Moskau über sieben Hügel beiderseits des Moskwa-Flusses aus. An ihrer Grenze wächst die Stadt hinüber in ein reizvolles Umland mit lichten Wäldern, stillen Wasserläufen und ursprünglichen Dörfern.

Der eigentliche Aufstieg Moskaus begann, als das Großfürstentum zu Beginn des 14. Jahrhunderts seine Anführerschaft im Kampf gegen die «Goldene Horde» zur «Sammlung der russischen Lande» nutzen und einen neuen Zentralstaat, die *Moskauer Rus*, gründen konnte. Zwar verlegte Zar Peter I. 1712 den Zarensitz und damit die Hauptstadt in das neun Jahre zuvor gegründete «modernere» Sankt Petersburg, doch blieb Moskau stets das Herzstück Rußlands und Hort der Landesverteidigung. Als die Bolschewiki an die Macht kamen, übersiedelte die Leninsche Räteregierung bereits im März 1918 von Petrograd nach Moskau und machte die Stadt zur Kapitale, ja zum Inbegriff der jungen Sowjetrepublik.

Moskau dokumentiert mit seinen über achthundert denkmalgeschützten Bauten und Ensembles in unnachahmlicher Weise die steingewordene Geschichte Rußlands. Historischer Mittelpunkt des 25 Hektar großen Kreml ist der Kathedralenplatz, wo Krönungsumzüge stattfanden und fremdländische Gesandte empfangen wurden. Hier steht die hochaufragende fünfkuppelige Mariä-Himmelfahrts-Kathedrale (siehe auch Seite 95), die – 1475 erbaut – Ort der Inthronisierung und Trauung der russischen Regenten war. Nach jahrzehntelanger Unterbrechung erlebt sie heute wieder Gottesdienste. In der Mariä-Verkündigungs-Kathedrale (1484) als Hauskirche der Zaren, der im gleichen Jahr errichteten Kirche zur Gewandniederlegung Mariä als Patriarchenkirche, der zur Zarengrablege bestimmten Erzengel-Kathedrale aus dem Jahr 1505 (siehe auch Seite 95) sowie den zahllosen anderen Kirchen und Palästen des Kreml blieben Ikonen, Fresken und kunsthandwerkliche Ausstattungen von unschätzbarem Wert erhalten. Teils wurden sie eigens für diese Bauwerke geschaffen, teils aus anderen russischen Städten herbeigebracht. Die Arbeitsräume der Sowjetregierung befanden sich vornehmlich in adaptierten historischen Gebäuden, speziell errichtet wurde 1961 ein ambitionierter Kongreßpalast aus Glas und Marmor.

Der Rote Platz vor dem Kreml bildete seit alters her den Mittelpunkt des gesellschaftlichen Lebens, ganz gleich, ob es galt, siegreiche Heere zu begrüßen, Militärparaden abzuhalten oder – wie im April 1961 – Juri Gagarin, dem ersten Kosmonauten der Welt, zuzujubeln. Die unter Iwan dem Schrecklichen entstandene, im Grunde aus neun Einzelkirchen gefügte Basilius-Kathedrale auf dem Roten Platz ist das wohl meistfotografierte Baudenkmal Rußlands. Das wuchtige Lenin-Mausoleum vor der Kremlmauer hatte während der gesamten Sowjetzeit den Status eines nationalen Symbols.

Der mittelalterlichen Stadt vorgelagert waren ehrfurchtgebietende Wehrklöster wie das Hohe Peters-Kloster, das Don-Kloster, das Erlöser-Andronikow-Kloster, das Simon- oder das Daniil-Kloster, die heute allesamt außerordentlich sehenswerte Museumskomplexe darstellen. Die südöstlichen Zufahrtswege schützte das über Jahrhunderte hinweg ebenso reiche wie vornehme Neue Jungfrauen-Kloster, das dem Moskowiter Herrscherhaus besonders eng verbunden war. Einer der Klostertürme diente als Kerker für Sofja Alexejewna, der Schwester Peters I., die 1698 eine Verschwörung gegen den Zaren angezettelt hatte. Der kulturhistorisch einmalige Nowodewitschi-Friedhof an der südlichen Klostermauer ist der bekannteste Prominentenfriedhof der Stadt, wo viele Angehörige der Nomenklatura (z.B. Nikita Chruschtschow), aber auch Künstler und Intellektuelle bestattet sind. Andere Vertreter der Boheme – genannt seien nur der Poet Sergej Jessenin oder der Barde Wladimir Wyssozki – fanden auf dem stimmungsvollen Wagankowskoje-Friedhof ihre letzte Ruhe.

Moskau verfügt über acht lebhafte Fernbahnhöfe: Der größte ist der 1926 erbaute Kasaner Bahnhof, der architektonisch wohl interessanteste der in typischem russischen Jugendstil gehaltene Jaroslawler Bahnhof aus dem Jahre 1902, an dem die legendäre Transsibirische Eisenbahn zum Stillen Ozean beginnt. Der bedrückenden Verkehrsdichte und hohen Industrialisierung Moskaus – immerhin haben weit mehr als 1800 Industriebetriebe ihren Standort im unmittelbaren Stadtgebiet – setzen schattige Alleen und Gärten sowie die weitläufigen Parks der alten Herrensitze ein grünes Gegengewicht.

Die Güter Ostankino und Kuskowo mit ihren erlesenen Kunstsammlungen gehörten den Grafen Scheremetjew, das repräsentative Kolomenskoje im Südosten war seit dem 16. Jahrhundert Sommerresidenz der russischen Zaren, während die Fürsten Golyzin das elegante Archangelskoje errichten ließen. Herrensitze und Villen in erstaunlicher Konzentration finden sich auch am Arbat, einem der ältesten Viertel Moskaus, in dessen winkligen Gassen – bevorzugtes Wohngebiet von Adel und Intellektuellen – viel vom Lebensgefühl der Moskowiter des 19. und frühen 20. Jahrhunderts überdauerte. 1987 begann in einem nicht unumstrittenen Versuch die Rekonstruktion des Arbat als museale Fußgängerzone. Künstlercafés, Galerien und eine vielgesichtige, junge Straßenkunst fügen dem Moskau der Künste einen

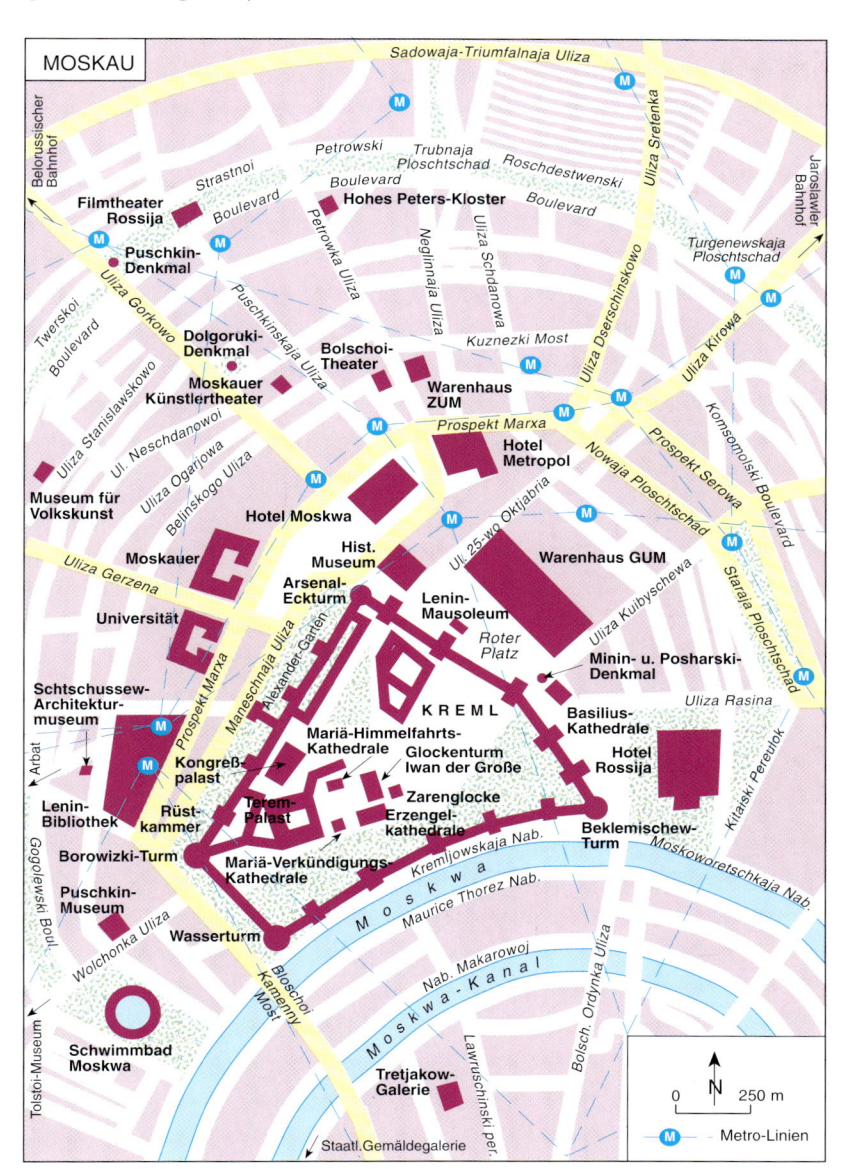

Folgende Doppelseite: Weite Plätze und breite Ringstraßen prägen den Charakter Moskaus, besonders um den Kreml, das sogenannte «Herz» der Hauptstadt.

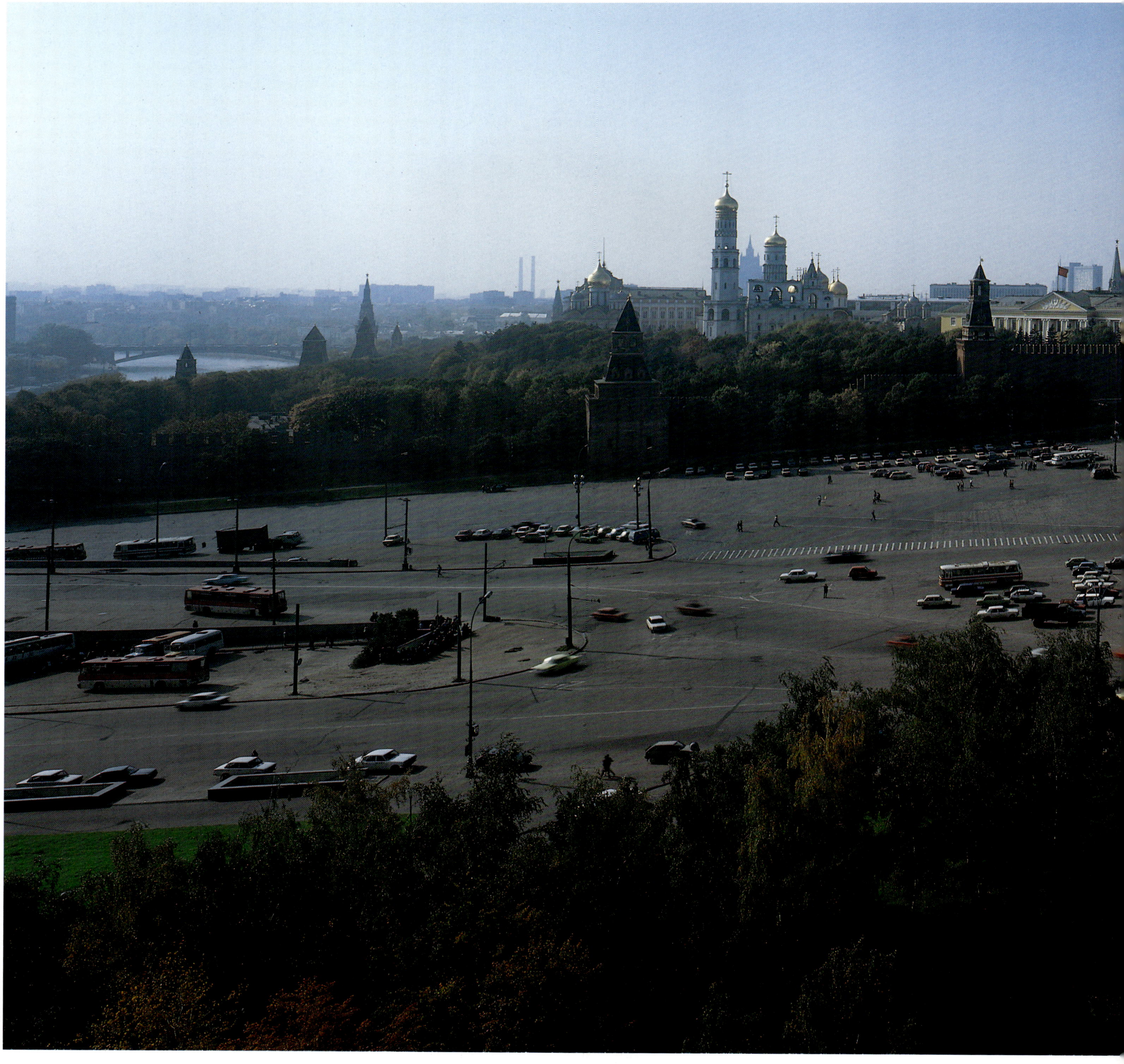

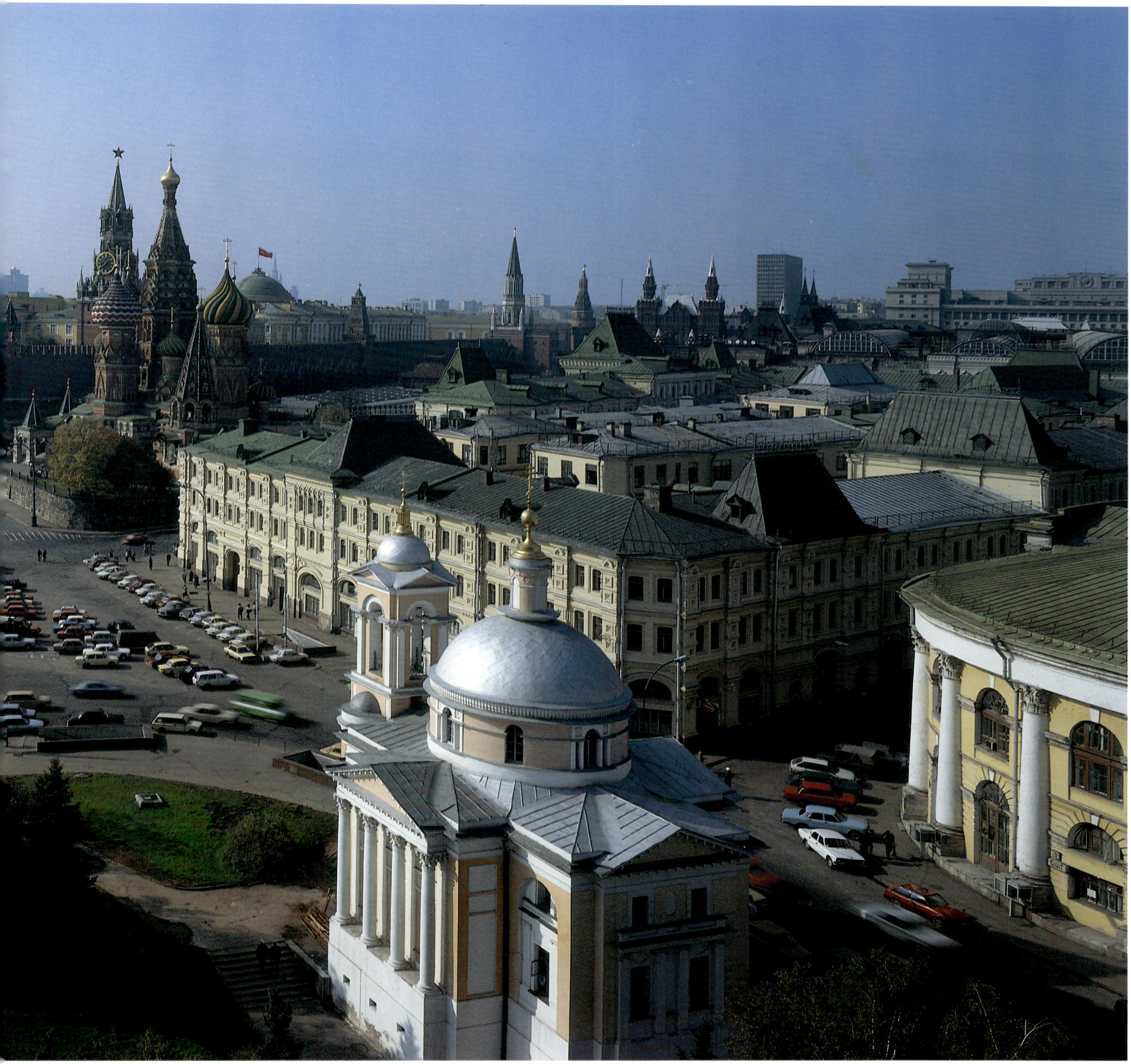

Oben: Nur das mächtige Ehrentor aus dem 17. Jahrhundert zeugt noch von den Ausmaßen der Mauern des Daniil-Klosters in Pereslawl-Salesski. Im Hintergrund der Glockenturm aus dem Jahr 1689. Unten: Die 1940 gebaute, gewaltige Prachttreppe in Nishni Nowgorod führt vom Wolga-Ufer zum Denkmal für Waleri Tschkalow (1904–1938), einen Piloten, der durch seine Nonstopflüge von Moskau nach Vancouver große Berühmtheit erlangte.

neuen Mosaikstein hinzu. Besuchermagnet unter den mehr als siebzig Museen der Stadt sind das Puschkin-Museum, dessen Sammlung französischer Impressionisten Weltgeltung besitzt, und die Staatliche Tretjakow-Galerie, die sich der russischen Malerei von der mittelalterlichen Ikone bis hin zu zeitgenössischen Werken verschrieben hat. Bereits Tradition ist das Kulturfestival «Russischer Winter».

Nishni Nowgorod Weit über eine Million Einwohner zählende Metropole des Gebietes Gorki und als drittgrößte Stadt Rußlands mit ihrem ausgedehnten Verkehrsnetz, dem regen Hafen sowie hochentwickelten Schiffbau-, Maschinenbau- und Chemiebetrieben ein lebenswichtiger Industriestandort. Nishni Nowgorod, «das untere Nowgorod», hieß ab 1932 Gorki, denn der Schriftsteller und Klassiker des sogenannten «sozialistischen Realismus» Maxim Gorki (1868–1936) ist ein Sohn dieser Stadt. Alexej Maximowitsch Peschkow, der das Pseudonym *Gorki*, «der Bittere», wählte, hat in seinen Werken wiederholt das harte Los der Menschen in den Wolga-Siedlungen beschrieben.

Nishni Nowgorod entstand 1221 an der Mündung der Oka in die Wolga und wird von letzterer quasi in zwei Teile zerschnitten: Der alte Stadtkern erhebt sich hügelig zwischen den beiden Flüssen, während die Neustadt am linken Wolga-Ufer liegt. So bietet die Altstadt einen überwältigenden Blick auf den Zusammenfluß der beiden großen russischen Ströme. Erst 1508, als Nishni Nowgorod schon lange Bestandteil des besitzhungrigen Moskauer Großfürstentums geworden war, erhielt es den wuchtigen Kreml, der jedoch trotz seines militärischen Gepräges eher repräsentative Funktionen erfüllte.

Mitte des 17. Jahrhunderts entstanden die Komplexe des Höhlenklosters und des Verkündigungsklosters. 1718 erfuhr die reichgeschmückte Mariä-Geburts-Kirche, nach dem einflußreichen Stifter auch Stroganow-Kirche genannt, ihre Vollendung. Besonderen Ruhm aber erlangte die Wolga-Metropole, die bereits im ausgehenden 16. Jahrhundert zu den einflußreichsten Handels- und Handwerkerstädten Rußlands zählte, durch ihre weltoffenen Jahrmärkte mit buntem Messetreiben und vielfältiger Volksbelustigung. Von 1817 bis 1917 fanden die Nishegoroder Jahrmärkte regelmäßig statt, lebten zwischen 1922 und 1930 noch einmal für kurze Zeit auf und endeten mit dem Abbruch der Messeanlagen, die der Monumentalist Wiktor Wasnezow (1848–1926) zuvor künstlerisch ausgestaltet hatte. In der Sowjetzeit war die Stadt in erster Linie industrielle Basis eines riesigen Militärkomplexes und für Ausländer gesperrt.

Im 17. Jahrhundert entwickelte sich auf dem Territorium des Gebietes Gorki, vornehmlich in den Dörfern *Chochloma*, *Semjonow* und *Kowernino*, das weithin berühmte Kunsthandwerk der Chochlomaer Malerei, bei der golden grundierte hölzerne Gebrauchs- und Ziergegenstände mit einer feinziselierten schwarzroten Pflanzenornamentik versehen werden.

Nowgorod Nordrussische Gebietshauptstadt mit etwa 220 000 Einwohnern, die 190 Kilometer südlich von Sankt Petersburg am Ufer des gemächlichen Wolchow liegt. Dank ihrer günstigen Verbindung zum Ladoga-See wurde die «neue Stadt» nach 859 rasch zur tonangebenden Handelsmetropole, in der beinahe alle Hansestädte Niederlassungen unterhielten. Nach 1136 entstand um den «Großen Herrn Nowgorod» die mächtigste Bojarenrepublik des Russischen Nordens. Die riesigen Besitzungen der Republik waren in Fünftel, die sogenannten *Pjatinen* aufgeteilt, die bei der Metropole begannen und strahlenförmig auseinanderliefen. Nach langem, erbittertem Widerstand mußte das stolze Nowgorod, das selbst der Tatarenbesatzung entgehen konnte, 1478 dem Moskowiter Großfürsten Iwan III. den Treueeid schwören. Legenden besagen, daß die *Wetsche*-Glocke beim Transport nach Moskau in unzählige Stücke zersprang und seither vieltausendfach als Glöckchen an den russischen Pferdeschlitten ihre Freiheitsbotschaft verbreitet.

Zwischen 1045 und 1052 entstand im Nowgoroder Kreml eines der ältesten Steinbauwerke Rußlands: die monumentale Sophienkathedrale (siehe Seite 90f.). Neben der Sophienkathedrale in Kiew und der Sofioter Alexander-Newski-Kathedrale zählt dieser Sakralbau zu den wichtigsten Kultstätten der russisch-orthodoxen Kirche. Das Westportal schmückt die prachtvolle, nach ihrem Herkunftsort benannte Magdeburger Bronzetür. Unweit der Kathedrale steht als ein für Rußland außerordentlich seltenes Gebäude der Facettenpalast des Metropoliten aus dem 15. Jahrhundert, dem deutsche Baumeister sein gotisches Gepräge gaben.

In beiden Teilen der vom Wolchow gespaltenen Stadt, auf der «Sophienseite» des Kreml und der bürgerlichen «Handelsseite», sind noch mehr als fünfzig beeindruckende altrussische Klöster, Kirchen und Paläste zu finden. Der Jaroslaw-Hof als Dominante der Handelsseite war das hochspezialisierte Geschäftszentrum einer mittelalterlichen Weltstadt, die sich durchaus mit Rom, Paris oder London messen konnte. Der überwiegende Teil der historischen Gebäude Nowgorods nahm während der deutschen Besetzung 1941 bis 1943 schweren Schaden, doch begann bereits vor Kriegsende der Wiederaufbau. In der herbschönen Umgebung der Stadt wurde der weltbekannte Komponist Sergej Rachmaninow (1873–1943) geboren. Und in *Staraja Russa*, einem stillen, heimeligen Städtchen am Nowgorod gegenüberliegenden Ufer des Ilmensees, verbrachte der unvergessene Fjodor Dostojewski (1821–1881) regelmäßig den Sommer. In dem kleinen Holzhaus der Familie schuf der Dichter unter anderem seinen Roman «Die Brüder Karamasow».

Pereslawl-Salesski Ländliche Kreisstadt mit etwa 20 000 Einwohnern im Gebiet Jaroslawl, die sich 150 Kilometer nordöstlich von Moskau in einer Niederung des malerischen Pleschtschejewo-Sees erstreckt. Der Umstand, daß die Stadt einst hinter dichten Wäldern lag, trug ihr den Beinamen *Salesski*, «jenseits der Wälder», ein. Pereslawl-Salesski wurde 1152 durch Juri Dolgoruki als uneinnehmbare Feste zur Verteidigung der Westflanke des Rostow-Susdaler Fürstentums angelegt. Die hohe Kunst der Fortifikation bezeugt auch heute noch ein zweieinhalb Kilometer langer und bis zu 18 Meter hoher Erdwall. Ebenfalls aus der Zeit der Entstehung der Stadt blieb die 1152 errichtete weißschimmernde Christi-Verklärungs-Kathedrale – erstes Bauwerk der später so berühmten Wladimir-Susdaler Kalksteinarchitektur – erhalten.

Im Lauf der Jahrhunderte mußte das leidgeprüfte Pereslawl-Salesski fünf Fürstenfehden, ebenso viele verheerende Überfälle mongolischer Reiterhorden und zwei Invasionen polnisch-litauischer Truppen überstehen. Erst Ende des 17. Jahrhunderts erfuhr die Stadt eine neue Blüte – als Wiege der russischen Hochseeflotte. In Pereslawl-Salesski entstand auf Geheiß Peters I. ab 1688 die Pleschtschejewo-Flotille, eine Art Spielzeug für die schiffbauerischen und nautischen Ambitionen des jugendlichen Zaren. Auf dem urwüchsigen Landsitz «Botik» unweit des Dorfes *Weskowo* am Südufer des Sees kann man noch heute Peters Nachen «Fortuna» bewundern.

Pereslawl-Salesski ist eng mit dem berühmten Feldherrn und Schweden-Bezwinger Alexander Newski verbunden, der das kleine Fürstentum etwa 1232 – als Elfjähriger – übernahm und nach seinem frühen Tod im Jahr 1263 zunächst hier bestattet wurde, bevor Peter I. Jahrhunderte später seine sterblichen Überreste nach Sankt Petersburg überführen ließ. Auf dem Krasnaja-Platz hat Pereslawl-Salesski dem Fürsten ein würdiges Denkmal gesetzt.

Das kleine Landstädtchen Pereslawl-Salesski hält einen erstaunlichen «Klosterrekord» unter den Städten des Goldenen Rings. Bergfrieden gleich, ruhen ihre imposanten Anlagen auf grünen Hügeln rund um den historischen Stadtkern. Das Daniil-Kloster und das Bergkloster aus dem 16. Jahrhundert hüteten der altrussischen Tradition gemäß lebenswichtige Handelsadern. Hinzu kommen noch das Nikita-Kloster und das bescheidenere Fjodor-Kloster. Sie geben dem verträumten Pereslawl-Salesski sein wahrhaft märchenhaftes Fluidum.

Pskow Gebietszentrum mit etwa 190 000 Einwohnern, das 260 Kilometer südwestlich von Sankt Petersburg an der Mündung der Pskowa in die Welikaja liegt. Das 903 erstmals als Vasallenstadt Nowgorods erwähnte Pskow stieg 1348 zum Zentrum der zweiten großen Feudalrepublik des Russischen Nordens auf, fiel 1510 jedoch an Moskau. Die ursprüngliche Bestimmung Pskows, die Nordwestflanke der russischen Lande zu schützen, hat Geschichte

Oben: Die vergoldeten Kuppeln der zwischen 1045 und 1052 erbauten Sophienkathedrale in Nowgorod, die über die Jahrhunderte hinweg ihr schlichtes, strenges Aussehen bewahrt hat. Unten: Die erste steinerne Befestigung Nowgorods wird schon 1044 erwähnt. Die heute noch erhaltenen Mauern und Türme des Kreml stammen größtenteils aus dem 15. Jahrhundert.

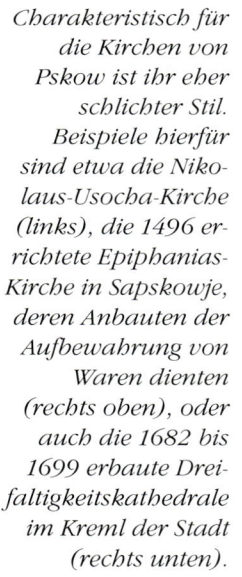

Charakteristisch für die Kirchen von Pskow ist ihr eher schlichter Stil. Beispiele hierfür sind etwa die Nikolaus-Usocha-Kirche (links), die 1496 errichtete Epiphanias-Kirche in Sapskowje, deren Anbauten der Aufbewahrung von Waren dienten (rechts oben), oder auch die 1682 bis 1699 erbaute Dreifaltigkeitskathedrale im Kreml der Stadt (rechts unten).

und Antlitz der Stadt unverkennbar geprägt: Lange war sie in erbitterte Grenzfehden mit schwedischen und livländischen Ordensrittern verwickelt und mußte zwischen dem 13. und 15. Jahrhundert mehr als 26 vieltägigen Belagerungen standhalten. So verwundert es nicht, wenn sich die Schöpferkraft der Baumeister zunächst auf eine wirksame Fortifikation konzentrierte. Im 16. Jahrhundert maß die von 37 Türmen gekrönte Pskower Wehranlage fast zehn Kilometer. Als ältestes erhaltenes Bauwerk gilt die Kirche Basilius' des Großen aus dem Jahr 1413, architektonische Dominante der Stadt ist der auf einer steilen Landzunge zwischen Pskowa und Welikaja angelegte *Krom*, wie man den Kreml hier nannte. Die Grundmauern seiner Dreifaltigkeitskathedrale soll Überlieferungen zufolge bereits Fürstin Olga gelegt haben, die 957 als erste im heidnischen Rußland den christlichen Glauben annahm. Analog zum Festungsbau herrschte auch bei der Errichtung von Sakralbauwerken in der Pskower Schule ein eher nüchterner, zweckbetonter Kunstgeschmack. Die mittelalterlichen Kirchen der Stadt sind überwiegend Lagerkirchen mit einem Kellergeschoß für die Aufbewahrung von Gütern und einem Kranz recht profaner Anbauten (siehe Seite 92). Die Pskower Bauleute galten als sehr geschickt und wurden unter verschiedenen Moskowiter Herrschern zum Ausbau des hauptstädtischen Kreml eingesetzt. Anfang des 20. Jahrhunderts machte Pskow, das mit der strategischen Bedeutung auch jedes politische Gewicht verloren hatte, noch einmal Geschichte: Am 25.3.1917 signierte der letzte russische Zar, Nikolaus II. (1894–1917), hier seine Abdankungsurkunde.

Etwa 120 Kilometer südlich der Gebietshauptstadt erstreckt sich in einer milden Parklandschaft das «Alexander-Puschkin-Museumsreservat». Auf dem Landgut *Michailowskoje* wurde der Dichter 1799 geboren und an den Mauern des Swjatogorsker Klosters nach seinem Duelltod im Jahr 1837 beigesetzt.

Rostow Weliki Kreisstadt mit etwa 300 000 Einwohnern, die 200 Kilometer nordöstlich von Moskau im Talkessel des lieblichen Nero-

Sees liegt. Sie verfügt über Kleinbetriebe der Textil- und Nahrungsgüterindustrie, ist jedoch vor allem als baukünstlerisches Museumsreservat bekannt.

Den Beinamen *Weliki*, «groß», verdankt die ruhige Provinzstadt ihrer Rolle in der altrussischen Geschichte und Kultur. Urkunden erwähnen Rostow erstmals 862. Im 10. Jahrhundert bereits eine der volkreichsten Städte im Nordosten der *Kiewer Rus*, wird sie im 12. Jahrhundert Metropole eines gleichnamigen Fürstentums, das im 13. Jahrhundert sogar Jaroslawl, Twer, Wladimir und Moskau beherrscht.

Später macht Rostow Weliki den Verlust an politischer Bedeutung durch sein Gewicht als prunkvoller Bischofssitz wett. Die einflußreichen Rostower Metropoliten waren unermüdliche ideenreiche Bauherren. Ab 1670 entstand im Auftrag des Metropoliten Iona Syssojewitsch die weitläufige Kremlanlage, die zum Schönsten zählt, was die Baukunst Altrußlands hervorgebracht hat. Der Baukomplex umfaßt eine ganze Reihe Kirchen und Paläste, von denen etwa die Christi-Auferstehungs-Torkirche (um 1670), die Torkirche Johannes' des Evangelisten (um 1683), die Erlöser-Hauskirche «über der Vorhalle» (um 1675), die Fürstengemächer oder das erzbischöfliche Palais zu nennen wären. Eine begehbare, überdachte Kalksteinmauer verbindet die Gebäude, so daß des Besuchers Fuß den Erdboden nicht berührt.

In der 1682 bis 1687 errichteten vierbogigen Glockenwand der Mariä-Himmelfahrts-Kathedrale hat jede der 15 Glocken ihren Ton und einen eigenen Namen. Die in Noten gesetzten Glockenspiele sind über zwanzig Kilometer weit zu hören. Alljährlich locken das Glockenfest und ein Wettbewerb um den Titel des besten Glöckners Rußlands zahllose Besucher an. Berühmtheit über die Landesgrenzen hinaus besitzt bis heute die Rostower Miniaturmalerei auf Emaille, im Russischen *Finift* genannt. Diese Kunst, die bis auf das 12. Jahrhundert zurückgeht, verzierte ursprünglich Heiligenbildchen und Kirchengeräte, Gebetsbücher und Ornate. Seit Ende des 19. Jahrhunderts wird jedoch auch Schmuck und weltliches Kunstgewerbe hergestellt.

Links oben: Das Erlöser-Jakob-Kloster in Rostow Weliki mit der klassizistischen Demetrios-Kirche (links) und der Mariä-Empfängnis-Kirche (rechts).
Links unten: Die Christi-Auferstehungs-Torkirche erhebt sich über der Haupteinfahrt in den Kreml von Rostow Weliki. Den sonst schlichten Bau schmücken eine Bogengalerie und eine Ikone über dem Heiligen Tor, durch das die Metropoliten an Festtagen Einzug hielten (rechtes Bild).

Fortsetzung Seite 149

SUSDAL

Susdal, ein Fürstentum mit Stadt und Schloß gleichen Namens, auch Sitz eines
Bischofs, liegt zwischen Rostow und Wladimir. Solange die russischen Großfürsten ihren
Sitz zu Wladimir hatten, war es eins der vornehmsten Fürstentümer und Haupt der
näher umliegenden Städte. Seit aber die Fürsten mit dem Wachstum ihres Reichs den Sitz
nach Moskau verlegt haben, wurde das Fürstentum den Zweitgeborenen, also den
Großfürsten-Brüdern, zugeteilt … Ein berühmtes Frauenkloster ist dort, dahinein Basilius
sein erstes Weib Salomea verstoßen hat.

Sigmund von Herberstein

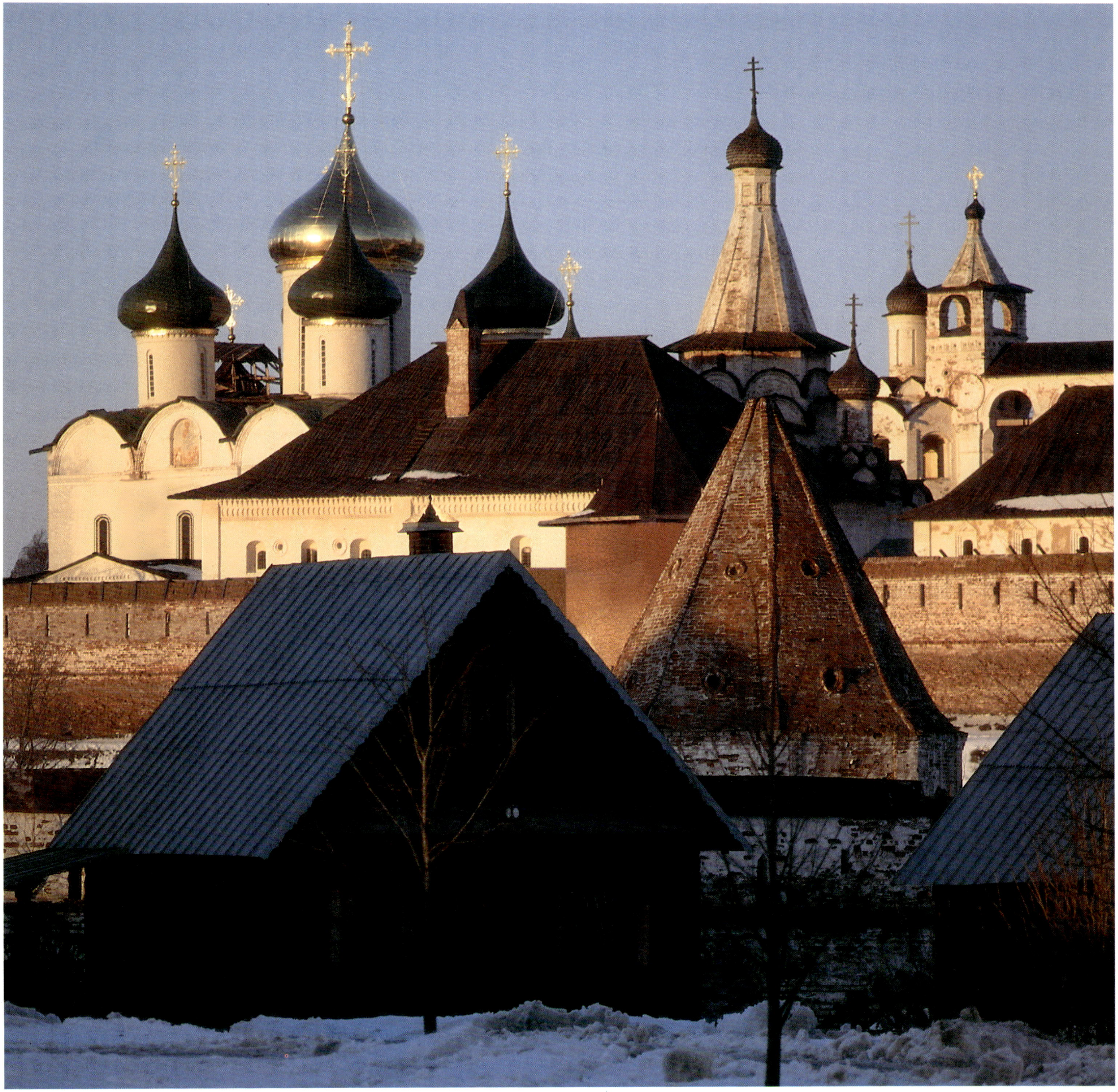

◁ ERLÖSER-EUTHY-
MIOS-KLOSTER

Susdal, die älteste Stadt im Nordosten der Rus, steht als geschlossenes Bauensemble seit 1967 unter Denkmalschutz. Dicht gedrängt finden sich hier eindrucksvolle Beispiele der verschiedensten altrussischen Bauformen. Blick auf das Erlöser-Euthymios-Kloster.

CHRISTI-VERKLÄRUNGS-KIRCHE *Die 1756 erbaute Christi-Verklärungs-Kirche – ein Kleinod russischer Holzarchitektur – im Freilichtmuseum für Holzbaukunst und Bauernalltag in Susdal; sie stammt aus dem Dorf Kosljatjewo.*

HANDELSSIEDLUNG *Diese kleinen Kirchen – vorne die beheizbare Winterkirche, hinten die reich verzierte Sommerkirche – gehören zum Areal der im Zentrum von Susdal gelegenen Handelsreihen (Bildhintergrund), die einst zahlreiche Läden beherbergten.*

MARIÄ-SCHUTZ-UND-FÜRBITTE-KLOSTER *Die dreikuppelige Mariä-Schutz-und-Fürbitte-Kathedrale im gleichnamigen Kloster ist von einer breiten Galerie mit offenen Arkaden umgeben. In ihrem Sockelgeschoß befindet sich die Gruft der in dieses Kloster verbannten Zarengattinnen und Bojarenfrauen.*

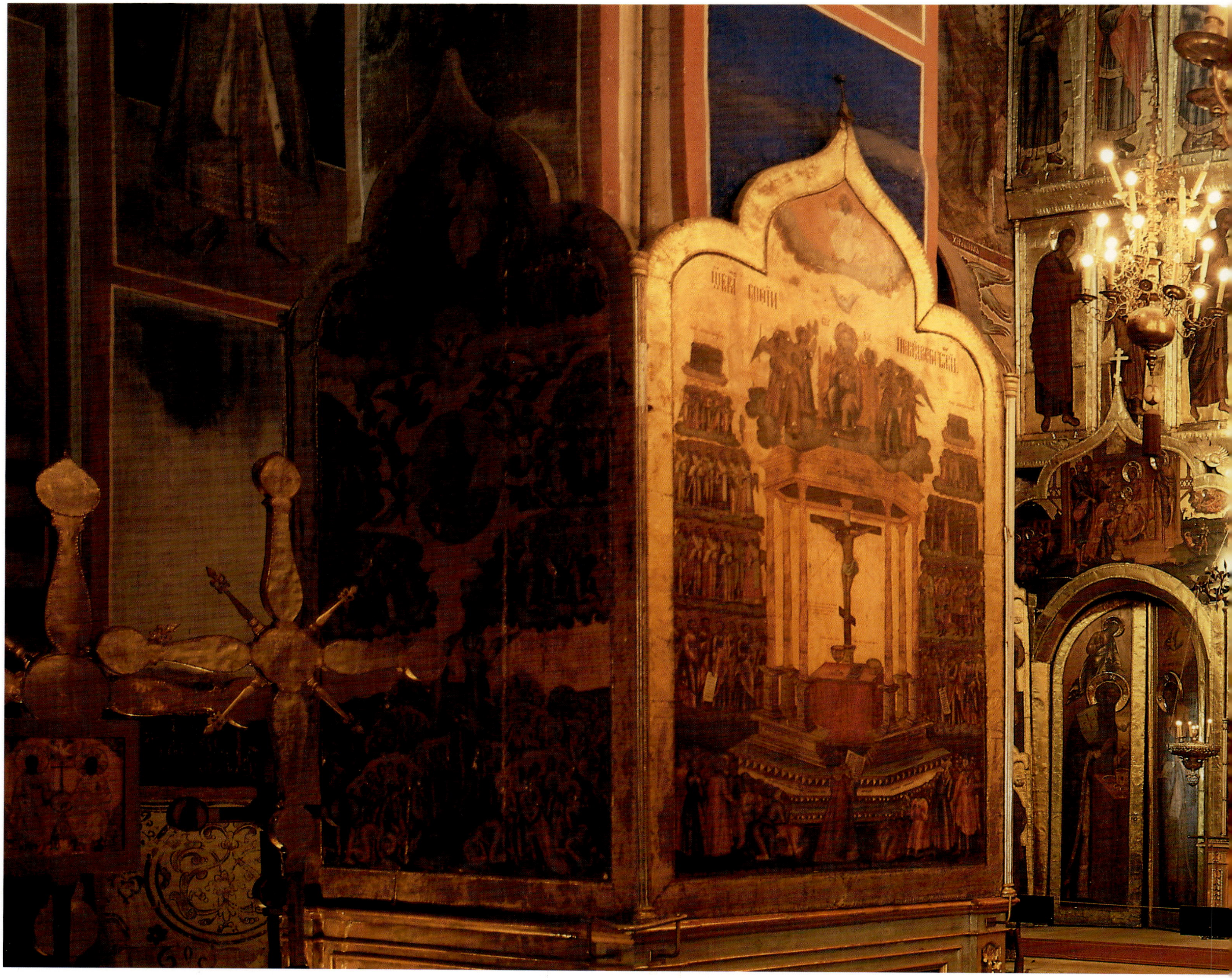

MARIÄ-GEBURTS-KATHEDRALE

Schlichte Beschläge aus vergoldetem Kupfer umrahmen die Bildtafeln der Ikonostase in der Mariä-Geburts-Kathedrale in Susdal.

Der eher strenge Schmuck der Ikonenwand läßt die Malerei besonders gut zur Geltung kommen.

MARIÄ-GEBURTS-KATHEDRALE *Die von fünf Kuppeltürmen überragte Mariä-Geburts-Kathedrale in Susdal wurde 1225 errichtet. Die Umgestaltung der Kuppeln zu den heutigen sternengeschmückten Zwiebelhauben erfolgte jedoch erst im 18. Jahrhundert.*

HEILIGES TOR   *Das eindrucksvolle Eingangsportal des Klosters der Gewandniederlegung Mariä in Susdal, das Heilige Tor, stammt aus dem Jahr 1688.*   *Die unterschiedlich großen Torbögen werden von zwei mächtigen Zeltdachtürmen gekrönt.*

MARIÄ-SCHUTZ-UND-FÜRBITTE-KLOSTER *Die Kirchen und Klöster Susdals bilden eine geschlossene Gesamtanlage aufeinander bezogener Bauten. Blick vom Erlöser-Euthymios-Kloster auf das gegenüberliegende Mariä-Schutz-und-Fürbitte-Kloster.*

Der Blick durch die kahlen winterlichen Bäume im Schnee betont die strenge Architektur und die Abgeschlossenheit des Erlöser-Euthymios-Klosters in Susdal.

ERLÖSER EUTHY-
MIOS-KLOSTER ▷

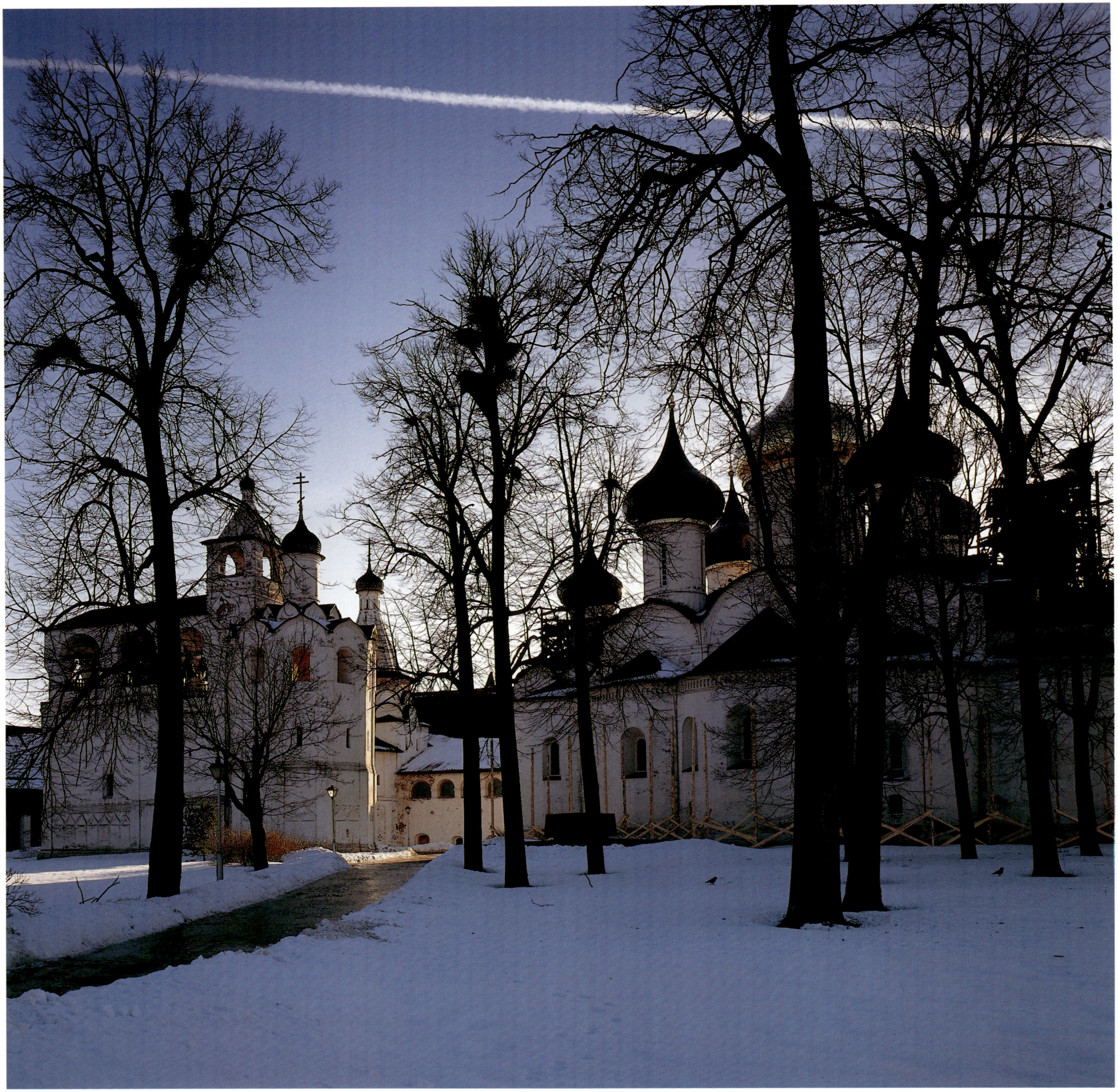

Sankt Petersburg Das herbe nordrussische Sankt Petersburg ist mit fast 700 Quadratkilometern Fläche sowie mehr als vier Millionen Einwohnern die zweitgrößte Stadt Rußlands nach Moskau und ein unverzichtbarer industrieller Ballungsraum. 1914 bis 1924 hieß die Stadt Petrograd und zwischen 1924 und November 1991 trug sie den Namen Lenins. Der Standort Sankt Petersburgs an der Mündung der Newa in den Finnischen Meerbusen gab ihm die metaphorische Bezeichnung «Venedig des Ostens»: Etwa neunzig Flüsse, Flußarme und Kanäle durchziehen die Stadt, so daß vierhundert Brücken – darunter 21 Zugbrücken – die vierzig Inseln verbinden müssen. Heute ist Sankt Petersburg – in seiner kühlen Noblesse stets dem «bäuerlichen» Moskau gegenübergestellt – eine Großstadt, die in der Zeit der Auflösung des Giganten UdSSR nicht allein kostbare Baudenkmäler und Kunstwerke zu bewahren, sondern auch vielfältige Gegenwartsprobleme wie wirtschaftlichen Verfall, Wohnungsnot und Verwahrlosung zu bewältigen hat.

Sankt Petersburg wurde 1703 auf Befehl des jungen Zaren Peter I. als Vorposten des Russischen Reichs in Richtung Ostsee und «Fenster nach Europa» gegründet. Verheerende Überschwemmungen brachten die Bautätigkeit häufig zum Erliegen, der Sumpfboden des Newa-Deltas erzwang die Untersetzung sämtlicher Gebäude mit hölzernen Pfählen. Dennoch ließ Peter I. nicht ab von seinem Plan einer regelmäßigen, durch ausgebildete Baumeister funktional angelegten Stadt. Bereits 1712 erhob Peter die Neugründung zur russischen Kapitale. Die Peter-Paul-Festung, das Palais des Gouverneurs und Zarenvertrauten Alexander Menschikow auf der Wassili-Insel, die «Zwölf Kollegien» – heute Hauptgebäude der Petersburger Universität – sowie die Kunstkammer sind die ältesten Zeugnisse dieser Zeit.

Schnellen Aufschwung nahm die Stadt mit der Erschließung des geschützten südlichen Newa-Ufers, wo – als Hafen, Werft und Festung – die Admiralität entstand. Die Karavelle auf der vergoldeten Spitze des 72,5 Meter hohen Admiralitätsturms ist das Wahrzeichen Sankt Petersburgs.

In der bewaldeten Umgebung der Stadt ließen Zar und Hochadel großzügige Parks und Herrensitze anlegen, so die 1715 begonnene Sommerresidenz Peterhof mit ihren Fontänen und Kaskaden oder ab 1710 das Lustschloß Oranienbaum (heute Lomonossow) des Fürsten Menschikow. Ihre prunkvolle, schmuckreiche Gestaltung nimmt vieles von dem vorweg, was als russischer Barock Mitte des 18. Jahrhunderts das Stadtbild formte.

Besonders unter Peters Tochter Jelisaweta Petrowna entstanden – geplant von Bartolomeo Rastrelli (um 1700–1771), dem bedeutendsten Architekten Sankt Petersburgs – solche prächtige Barockbauten wie das Smolny-Kloster (1748), die Nikolaus-Kathedrale (1753) oder der Stroganow-Palast (1752), vor allem aber das 1754 umgebaute elegante Winterpalais. Katharina II. machte den Weg frei für den russischen Klassizismus, dem Sankt Petersburg sein vielgepriesenes «strenges, ebenmäßiges Gesicht» verdankt: Zwischen 1778 und 1787 wurden die Ufer der Newa und ihrer Kanäle mit Granit verkleidet, steinerne Brücken errichtet, lange Straßenzüge mit einheitlicher Bebauung und durchgehenden Fronten angelegt. Schloßplatz, Admiralitätsplatz und Senatsplatz, die drei wichtigsten Petersburger Plätze, erhielten eine endgültige architektonische Ausformung. Zu Beginn des 19. Jahrhunderts brauchte die neue Weltmacht Rußland viele Repräsentationsbauten und Verwaltungseinrichtungen, aber auch Wohnungen für die 1825 bereits auf eine halbe Million angewachsene Bevölkerung der Hauptstadt. Der ungeahnte Aufschwung der Bautätigkeit, wesentlich gestaltet durch die Architekten Wassili P. Stassow (1769–1848) und Karl I. Rossi (1775–1849), schuf das Petersburg, das der Besucher heute wahrnimmt – eine der faszinierendsten Städte der Welt. 1802 entstand am Newski Prospekt die Kasaner Kathedrale mit ihren 96 Säulen, in der 1813 der Napoleon-Bezwinger Marschall Kutusow seine letzte Ruhe fand. Auf der Strelka, dem spitz zulaufenden Ende der Wassili-Insel, wurden ab 1805 mehrere Packhäuser, die Börse und zwei Leuchttürme in Form römischer Rostrasäulen errichtet. 1818 begann unter Zar Alexander I. der Bau der Isaaks-Kathedrale, die nach der Peterskirche in Rom und der Londoner St.-Pauls-Kathedrale die drittgrößte Kuppelkirche der Welt ist und bis zu 14 000 Menschen Platz bietet. Sankt Petersburg gilt als Wiege der drei russischen Revolutionen. Hier rief der bolschewistische Rat der Volkskommissare unter Wladimir Iljitsch Lenin am 26. Oktober 1917 im Smolny die Sowjetmacht aus. Im Zweiten Weltkrieg, dem «Großen Vaterländischen Krieg» (1941–1945), hatte Leningrad schwere Prüfungen zu bestehen. Während der fast neunhunderttägigen Blockade durch Hitler-Truppen kamen mehr als 600 000 Leningrader ums Leben. Der Piskarjow-Gedenkfriedhof mit seinem Ewigen Feuer ist Stätte der Erinnerung.

Sankt Petersburg gilt heute als Kunststadt ersten Ranges. Ihr bedeutendstes Museum ist die Staatliche Eremitage im Winterpalast, die aus einer 1764 von Katharina II. angelegten Privatsammlung hervorging. Das seit 1898 bestehende Russische Museum zeigt vornehmlich Malerei, Grafik und Kunsthandwerk russischer und sowjetischer Künstler.

Ein einzigartiges Schauspiel sind die Petersburger Weißen Nächte, wenn im Juni die Sonne für mehrere Wochen nicht vollständig untergeht. Tausende schauen dann allnächtlich an den Kais dem Öffnen und Schließen der Zugbrücken zu. In dieser Zeit findet auch das berühmte Kunstfestival «Weiße Nächte» statt.

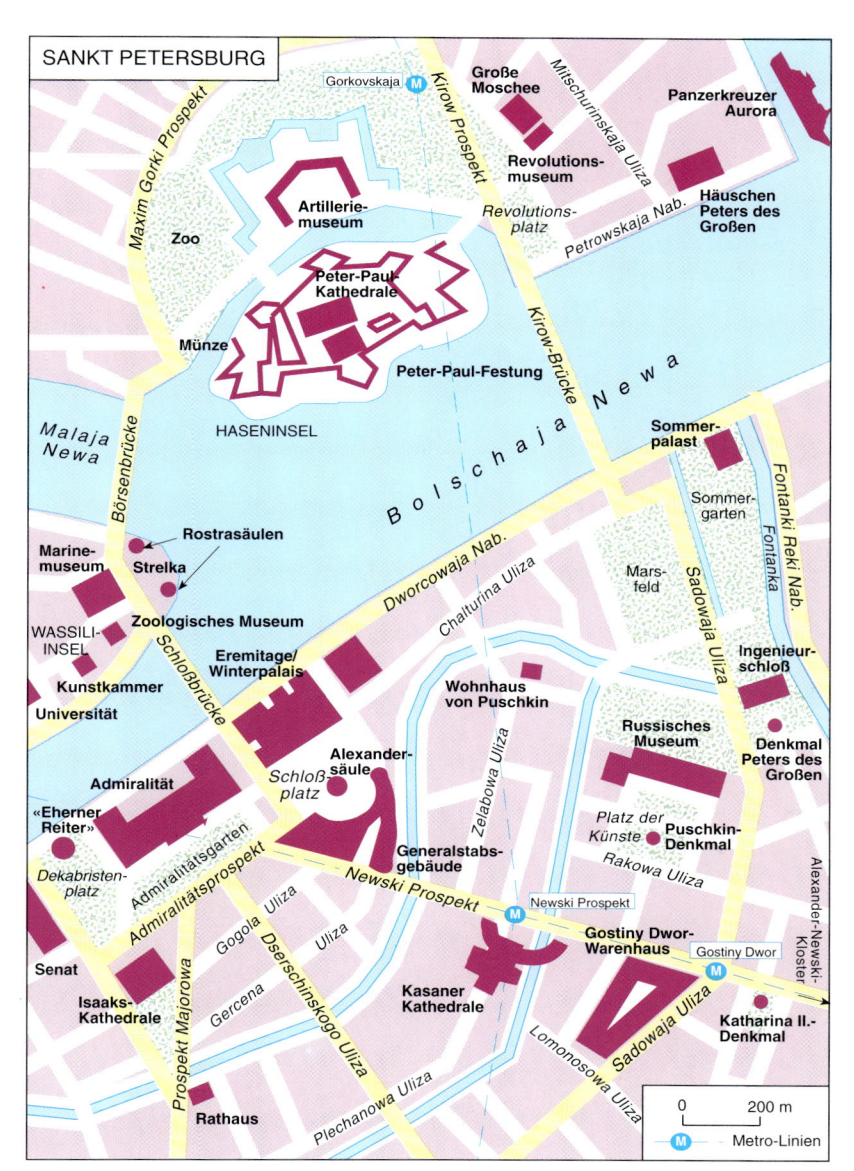

Sergijew Possad Vielbesuchte Kreisstadt mit etwa 115 000 Einwohnern, die – 70 Kilometer nördlich von Moskau gelegen – zum hauptstädtischen Verwaltungsgebiet gehört. Von 1930 bis 1991 hieß die Stadt nach dem

Das Dreifaltigkeits-Sergios-Kloster in Sergijew Possad – ein eindrucksvolles Ensemble von Bauten verschiedener Epochen und Stilrichtungen: Seine hohen steinernen Wehrmauern (oben) wurden Mitte des 16. Jahrhunderts als Ersatz für die alten Holzmauern errichtet; die elegante Kirche der Gottesmutter von Smolensk (unten), erst 1745 bis 1753 erbaut, ist das einzige im Stil des Petersburger Barock errichtete Klostergebäude dieser Region.

Lenin-Mitstreiter Wladimir Sagorski (1883–1919) Sagorsk. Heute ist Sergijew Possad vornehmlich bekannt als «Museumsreservat» für altrussische Baukunst aus fünf Jahrhunderten sowie als «Tor zum Goldenen Ring». Der Name *Sergijew Possad*, «Sergios-Vorstadt», verweist auf die Ursprünge der Siedlung: Mitte des 14. Jahrhunderts gründete der Mönchsvater Sergios von Radonesh hier das Dreifaltigkeits-Sergios-Kloster, das – wie auch sein staatsmännisch begabter Abt – eine herausragende Rolle bei der nationalen Wiedergeburt Rußlands spielen sollte. Sergios wurde heiliggesprochen und zum Schutzpatron Rußlands erklärt. 1422 entstand über seinem Grab die Dreifaltigkeitskathedrale, das älteste erhaltene Architekturdenkmal der Stadt und bis in das 16. Jahrhundert hinein Taufplatz der russischen Thronfolger. Andrej Rubljow, der berühmte Malermönch (etwa 1360–1430), übernahm gemeinsam mit Daniil Tschorny die Ausgestaltung dieser Kirche und schuf für sie das wohl vollkommenste Zeugnis altrussischer Malerei – die «Troiza», die Ikone der Dreifaltigkeit. Das Dreifaltigkeits-Sergios-Kloster erfreute sich stets der besonderen Gunst des Moskauer Herrscherhauses. So stiftete Iwan der Schreckliche 1559 die Mariä-Himmelfahrts-Kathedrale, an deren Nordwestseite Zar Boris Godunow und seine Gemahlin bestattet sind, während alle anderen Moskowiter Großfürsten und Zaren über dreihundert Jahre hinweg in der Erzengel-Kathedrale des Kreml zu Moskau ihre letzte Ruhe fanden. Weil das Kloster in den Thronrivalitäten zwischen Peter I. und seiner Schwester Sofja auf Seiten des Zaren stand, wurde es mit weiteren prachtvollen Bauten, wie etwa dem Refektorium, der Zarenkartause, der Torkirche Johannes' des Täufers oder der Brunnenkapelle, belohnt.

1744 wurde das größte russische Kloster in den Rang einer *Lawra* erhoben, einer Hauptkirche, über die der Patriarch von Moskau und ganz Rußland die Ehrenvorsteherschaft ausübt. Seit 1742 besteht in ihren Mauern ein Priesterseminar und seit 1814 eine Geistliche Akademie für fast fünfhundert Hörer, deren Männerchor seinesgleichen sucht. Die Dreifaltigkeits-Sergios-Lawra gilt heute als geistliches Zentrum der russisch-orthodoxen Kirche. Durch Schenkungen der Zarenfamilie und des Adels zu ausgedehntem Grundbesitz und unermeßlichem Reichtum gelangt, konnte das Kloster eine der mannigfaltigsten, erlesensten Sammlungen sakraler Kunstschätze zusammentragen. Seit 1920 ist diese der Öffentlichkeit zugänglich und wird zu Recht als nationales Heiligtum gehütet.

Auch die Volkskunst hat in Sergijew Possad von je her ihre unverwechselbar russischen Wurzeln. Hier fertigt man beispielsweise die *Matrjoschka* genannten dickbauchigen, buntlackierten «Puppen in der Puppe», und das nahegelegene Dorf *Bogorodskoje* darf sich seines meisterlich geschnitzten Holzspielzeugs mit beliebten Figuren der Märchen- und Fabelwelt rühmen. Zahlreiche Museen, Ausstellungen, Kunstwerkstätten und Ateliers machen das koloritreiche Sergijew Possad zu einer regelrechten Hochburg der Künste unter den Städten des Goldenen Rings.

Susdal Etwa 10 000 Einwohner zählende Kreisstadt des Gebietes Wladimir, die sich 200 Kilometer nördlich von Moskau in der *Wladimirskoje Opolje*, einer fruchtbaren Ackerlandschaft, erstreckt und Teil des Wladimir-Susdaler Museumsreservats für altrussische Kunst ist. Diese sehr lebendige alte Stadt erlebte ihre Blüte Anfang des 13. Jahrhunderts, als sie Mittelpunkt eines eigenständigen Fürstentums war. Damals konnte Susdal nach Ausdehnung und Bevölkerungszahl mit vielen europäischen Zentren konkurrieren und übertraf beispielsweise London. Moskau, ab 1392 Herr der Sus-

militans». Seine schlichte Mariä-Himmelfahrts-Refektoriums-Kirche (um 1525) gilt als Erstling unter den altrussischen Zeltdachkirchen, den späteren Bedeutungsträgern der moskowitischen Staatsidee. Die 1530 anläßlich der Geburt des späteren Zaren Iwan IV. errichtete Kirche zur Geburt Johannes' des Täufers «unter Glocken» gab dieses Kloster in den besonderen Schutz des «Schrecklichen». 1764 befahl Katharina II., in den Klostermauern einen Kerker einzurichten, der dann bis 1907 bestand. Das idyllische Mariä-Schutz-und-Fürbitte-Kloster erlangte ebenfalls traurigen Ruhm als Stätte unfreiwilligen Aufenthalts. Frauen aus vornehmen Bojarengeschlechtern – zum Beispiel zwei Schwiegertöchter und eine Ehefrau Iwans des Schrecklichen oder Jewdokija Lopuchina, die erste Gemahlin Peters I. – mußten hier den Schleier tragen. Das Alexander-Kloster am gegenüberliegenden hohen Kamenka-Ufer wurde nach seinem fürstlichen Gründer Alexander Newski benannt, der es für adlige Witwen errichten ließ, deren Männer bei der Mongoleninvasion gefallen waren.

Das Freilichtmuseum für Holzbaukunst und bäuerliche Lebensweise zeigt den vollendeten Umgang der russischen Meister mit ihrem Werkstoff und soll zugleich eine historische Lücke schließen: Während der Zeit der Mongolenherrschaft entstand in Susdal kein nennenswerter Steinbau, die Holzbauten aber, die über drei Jahrhunderte vorherrschend gewesen waren, sind nicht mehr erhalten. So muß sich die Rekonstruktion dieser Etappe der architektonischen Entwicklung in erster Linie auf die aus dem gesamten Gebiet Wladimir zusammengetragenen hölzernen Zeitzeugen stützen.

Swenigorod Anmutige Kleinstadt mit etwa 10 000 Einwohnern, die 53 Kilometer westlich von Moskau am Ufer des Moskwa-Flusses liegt. Der Name «Stadt des Läutens» deutet bereits darauf hin, daß die bescheidene Feste nicht selten die mächtige Hauptstadt vor drohenden Gefahren warnte und den ersten Schlag auf sich nahm. Der junge Fürst Juri Dmitrijewitsch hatte Swenigorod von seinem Vater Dmitri Donskoi zum Lehen erhalten und war 1389 aus Moskau in die als gute Pfründe geltende Besitzung gezogen. Juri stiftete seiner Stadt bedeutende Bauwerke, die bewußt Wladimir-Susdaler Architekturtraditionen des 12. Jahrhunderts aufgriffen. Die Beute einer siegreichen Heerfahrt gegen die Wolga-Bulgaren ermöglichte 1399 die Errichtung der weißsteinigen Mariä-Himmelfahrts-Kathedrale «im Städtchen» –

Oben: Die Christi-Auferstehungs-Kirche aus dem Jahr 1720 in Susdal war die Hauptkirche des alten Handelszentrums der Stadt. Wie die offenen Arkadenreihen des Handelshofs ist sie in schlichtem, weiß gekalktem Mauerwerk erbaut.
Unten: Zwischen der Peter-und-Paul-Sommerkirche (links) und der Nikolaus-Winterkirche (rechts) von Susdal sind die Kuppeln und der Glockenturm des jenseits der Kamenka gelegenen Alexander-Klosters zu erkennen.

daler Besitzungen, machte die Stadt zu einem bevorzugten Verbannungsort für Mißliebige. Aus den Zeiten seines Glanzes blieben Susdal mehr als sechzig wertvolle Sakral- und Profanbauwerke erhalten. Das älteste ist der im 11. Jahrhundert in einer Windung des Flüßchens Kamenka angelegte Kreml, der von der 1225 erbauten Mariä-Geburts-Kathedrale mit ihren sternverzierten blauen Kuppeln und den beiden einzigartigen Goldgußtoren beherrscht wird.

Ein herausragender Platz unter den vielgestaltigen Denkmälern altrussischer Kunst gebührt den Susdaler Klöstern, von denen ein jedes nicht nur auf ganz eigene Weise in die Stadtlandschaft eingebettet, sondern ebenso unverwechselbar mit der Geschichte Rußlands verwoben ist. Das im 13. Jahrhundert gestiftete Kloster zur Gewandniederlegung Mariä krönt Susdal mit einem siebzig Meter hohen Glockenturm, der seine Existenz dem Sieg des russischen Heeres über Napoleon verdanken soll. Das rotziegelig an einem Steilufer der Kamenka aufragende Erlöser-Euthymios-Kloster aus dem 14. Jahrhundert mit den hohen Festungsmauern ist Ausdruck des Geistes der «ecclesia

Holzpuppenwerkstatt in Sergijew Possad, der seit Jahrhunderten für ihr Holzspielzeug bekannten Stadt, Herstellungsort der berühmten Matrjoschkas. Links oben und unten: Die je nach Größe der Puppen unterschiedlich dicken Holzstücke werden behauen und in die Drehbank eingespannt. Durch geschickte Drechseltechnik entstehen aus den Holzrohlingen die charakteristischen Figuren. Rechts oben und unten: Mit feinem Pinsel werden nach vorgegebenem Muster die Gesichtszüge und die Blumenornamente aufgetragen. Ein letzter prüfender Blick – dann gehen die Matrjoschkas in alle Welt.

einem felsigen Plateau über der Moskwa – als repräsentativer Hofkirche der Fürstenfamilie. Zur Ausgestaltung wurde der Malermönch Andrej Rubljow (etwa 1360–1430) herangezogen. Der massige Kreuzkuppelbau eröffnete die Reihe der altrussischen Vierpfeilerkirchen des ausgehenden 15. Jahrhunderts.

Durch den Mönchsvater Sergios von Radonesh ließ Fürst Juri Dmitrijewitsch 1398 das Kloster des Heiligen Sabbatios auf dem Wachtberge gründen. Erhöht auf dem Storchi-Hügel gelegen, schützte es den Zugang zu der Lehensstadt. Um 1405 wurde hier die Mariä-Geburts-Kathedrale gebaut und als Grablege für den Einsiedlerabt Sabbatios hergerichtet. Im 17. Jahrhundert machte der russische Zar Alexej Michailowitsch das Kloster des Heiligen Sabbatios auf dem Wachtberge zum Hofkloster und veranlaßte zahlreiche Umbauten, die dem üppigeren Zeitgeschmack Rechnung trugen. Heute ist Swenigorod eine beliebte Sommerfrische der Moskauer. Ein kleines Museum in dem drei Kilometer entfernten Dorf *Djutkowo* erinnert an Aufenthalte des Malers Isaak Lewitan (1860–1900) und des Schriftstellers Anton Tschechow (1860–1904).

Twer Industriestadt 150 Kilometer nordwestlich von Moskau, die mit ihren mehr als 450 000 Einwohnern das Zentrum des Gebietes Kalinin bildet. Nach dem langjährigen Präsidenten der Sowjetunion Michail Kalinin (1875–1946) trug auch Twer selbst zwischen 1931 und 1991 diesen Namen. Die Stadt entstand, als Fürst Wsewolod III. 1182 dort, wo die Twerza in den Oberlauf der Wolga mündet, einen Kreml errichten ließ, um den Korntransporten der Nowgoroder Konkurrenten den Weg abzuschneiden. 1285 erhielt Twer die prächtige Christi-Verklärungs-Kathedrale, die fürstlich-bischöfliche Hauptkirche der Stadt. Das noch in Resten erhaltene Gotteshaus gilt als erster der seltenen Steinbauten, die während der Tatarenzeit in Rußland entstanden.

Die Jahrzehnte vor dem 1485 vollzogenen Anschluß Twers an Moskau brachten einen nie dagewesenen Aufschwung für Handel und Handwerk: Mutige Twerer Kaufleute unternahmen wahre Weltreisen – so Afanassi Nikitin, der ein Vierteljahrhundert vor der Entdeckung des Seewegs nach Südasien durch Vasco da Gama Persien und Indien erreichte. Es entwickelte sich eine eigene Schule der Heiligenmalerei, deren bevorzugtes kühles Blau unverwechselbar ist. Seine zweite Blüte verdankt Twer kurioserweise dem Erstarken Sankt Petersburgs: Der Bau des Kanalsystems von Wyschni Wolotschok verband die Wolga mit der Newa, und Twer befand sich nunmehr zu Wasser wie zu Lande zwischen alter und neuer Hauptstadt. Hier rastete Zarin Katharina II. bei ihren Reisen von Petersburg nach Moskau, was der Stadt 1763 ein luxuriöses Reiseschloß bescherte. Außerdem war Twer diejenige altrussische Provinzstadt, die – nach verheerenden Bränden 1777 – eine später vielfach kopierte Stadtpla-

Der Kahn «Fortuna», den Peter der Große selbst gebaut haben soll, in dem 1803 eigens für den Nachen errichteten Museum bei Pereslawl-Salesski. Von insgesamt 87 Schiffen der Flotte des Zaren blieb er als einziger von dem großen Brand verschont, der 1783 in Pereslawl-Salesski gewütet hatte.

nung erfuhr. Das selbstbewußte, bürgerliche Twer ist aber auch eine «Stadt der Literaten»: Der Fabeldichter Iwan Krylow (1769–1844) verbrachte hier Kindheit und Jugend, während der für seine beißenden Satiren bekannte Michail Saltykow-Schtschedrin (1826–1889) zwischen 1860 und 1862 sogar den Posten des Twerer Vizegouverneurs innehatte.

Uglitsch Geruhsame Kleinstadt mit etwa 5 000 Einwohnern, die 280 Kilometer nördlich von Moskau auf dem Territorium des Gebietes Jaroslawl liegt. Das sehr alte Uglitsch – erste urkundliche Erwähnungen datieren in das Jahr 937 – stand ab 1207 einem gleichnamigen Fürstentum vor, wurde aber im 14. Jahrhundert dem bereits übermächtigen Moskau einverleibt. Die russische Geschichte bringt die Stadt Uglitsch vor allem mit dem Tod des jüngsten Sohnes von Iwan dem Schrecklichen, des neunjährigen Zarewitsch Dmitri Iwanowitsch, in Verbindung. 1584 von seinem Stiefbruder nach Uglitsch verbannt, kam er dort unter mysteriösen Umständen ums Leben. Die angebliche Ermordung des Zarensohnes löste Volksunruhen aus und rief mehrere «falsche Demetriosse» auf den Plan, die allesamt von sich behaupteten, der wundersam errettete Dmitri zu sein und Thronrechte zu haben.

Der Periode des Wiedererstarkens der russischen Zentralgewalt nach dieser als *Smuta* bekannten Zeit der Wirren entstammt auch die Bebauung des Alexi-Klosters zu Uglitsch. Zwar wurde es bereits 1371 von dem einflußreichen Moskauer Metropoliten Alexi gegründet, doch hielten die ersten Steingebäude den kriegerischen Auseinandersetzungen um die Herrschaft der «falschen Dmitris» nicht stand. 1628 errichtete man die Mariä-Himmelfahrts-Kirche, vom Volk wegen ihrer Schönheit als *Diwnaja*, «die Wunderbare», gepriesen. Ihre drei repräsentativen Zeltdächer verweisen bereits auf den dekorativen Kunstgeschmack des späten 17. Jahrhunderts. Zugleich ist die Mariä-Himmelfahrts-Kirche eines der letzten russischen Gotteshäuser mit dieser Dachform: 1625 begann in der Hauptstadt die Ägide des Metropoliten Nikon, der im Zuge der Abwehr allgemeiner Säkularisierungstendenzen Zeltdächer über Kirchenräumen verbot und die Rückkehr zum byzantinischen Kreuzkuppelschema forderte.

Wladimir Lebendige Gebietshauptstadt mit rund 300 000 Einwohnern, die 190 Kilometer nordöstlich von Moskau am linken steilen Ufer der Kljasma liegt und einen wichtigen Knotenpunkt der industriellen Infrastruktur wie auch des Verkehrsnetzes Mittelrußlands darstellt. Eigentlicher Gestalter der 1108 gegründeten Stadt ist Juri Dolgorukis Sohn Andrej Bogoljubski, der das gesegnete Zwischenstromland von Wolga und Oka nach 1157 zum Großfürstentum erhob. Das *Wladimirskoje Opolje* hatte von je her die besten Äcker und Böden, und so konnte die reiche Kornkammer Rußlands den Kiewer Landen den Rang streitig machen.

Links: Die Christi-Verklärungs-Kathedrale, Hauptkirche des Erlöser-Priluzki-Klosters bei Wologda. Rechts: Katharina II. machte auf ihren Reisen zwischen Sankt Petersburg und Moskau häufig in der alten Handelsstadt Twer Station. Deshalb wurde 1763 der Katharinenpalast erbaut, der der Zarin als Unterkunft diente (oben). – Vom Reichtum der Twerer Kaufleute zeugen die aufwendig verzierten Holzhäuser der Stadt (unten).

Binnen kurzem – zwischen 1158 und 1165 – wurde die Stadt durch palisadengeschützte Erdwälle befestigt, entstanden das gewaltige Goldene Tor, der Fürstenhof, die Erlöserkirche und vor allem die Mariä-Himmelfahrts-Kathedrale (siehe Seite 93), die in ihrer goldverbrämten Pracht die Kiewer Sophienkathedrale übertrumpfen sollte. Der seinerzeit höchste Kirchenbau Rußlands war Krönungsstätte der Wladimirer Großfürsten und Aufbewahrungsort für die als «Reichsregale» geltende Ikone «Gottesmutter von Wladimir» (siehe Seite 93). Dieser wunderstiftenden *Wladimirskaja* wurden in der Folgezeit fast alle neuen Kirchen der Gegend geweiht. Der Schwerpunkt der fürstlichen Bautätigkeit lag jedoch zehn Kilometer östlich der Stadt an der Mündung des stillen Nerl in die Wolga, wo Andrej die Residenz *Bogoljubowo* errichtete. In der Mitte der Zitadelle stand die Mariä-Geburts-Kathedrale, bei deren Bau Handwerker verschiedener Länder – so auch von Kaiser Barbarossa entsandte deutsche Meister – mitwirkten. Als nach Andrej Bogoljubskis Ermordung im Jahr 1174 Wladimir selbst wieder Fürstensitz wurde, verfiel die Residenz. Doch verdankt *Bogoljubowo* Andrej noch ein baukünstlerisches Kleinod, das in seiner schlichten Vollkommenheit zu den größten Schätzen der Weltarchitektur zählt. Knapp zwei Kilometer entfernt steht in einer sanften Flußaue des Nerl die zierliche Kirche zu Mariä Schutz und Fürbitte (siehe Seite 94). Der Fürst ließ sie in einem einzigen Sommer für seinen Sohn und Thronerben Isjaslaw, der 1164 bei einer siegreichen Heerfahrt gegen die Wolga-Bulgaren gefallen war, errichten. Auch aus der Regierungszeit von Andrejs Nachfolger Wsewolod III. sind der Stadt zahlreiche beeindruckende Sakral- und Profanbauten überkommen. Später versank das während der Mongolenherrschaft zersplitterte Wladimir-Susdal in Bedeutungslosigkeit.

Die altrussische Kunst und speziell die Architektur verdankt diesem kulturgeographischen Raum entscheidende Impulse. Hier fanden in der *Rus* erstmals Zweischalenquaderkonstruktionen breite Verwendung. Dabei wird die Höhlung zwischen den beiden Mauern mit Bruchsteinen angefüllt und mit Mörtel ausgegossen. Die Monochromie des grauweißen Kalksteins als bevorzugtem Baumaterial gab der Wladimirer Architektur des 12. bis 13. Jahrhunderts einen eigenen Namen: «die weißsteinige». An keinem zweiten Ort Rußlands blieb ein solch geschlossenes Ensemble dieser weißsteinernen Zeugen der Geschichte erhalten.

Wologda Rund 450 Kilometer nordöstlich von Moskau gelegenes, 270 000 Einwohner zählendes Zentrum eines gleichnamigen Gebietes. Pittoresk am Wolga-Ufer ausgebreitet, war die uralte Stadt mit ihrem quirligen Hafen über Jahrhunderte hinweg Pforte nach Nordrußland und Westeuropa, zugleich aber auch ein Trumpf im Machtpoker der Herrschenden: Nach dem Abschluß eines Handelsvertrages mit England im Jahr 1555 erkor Iwan IV. Wologda zur nördlichen Zarenresidenz. Er brauchte die Stadt als Basis für seine *Opritschniki*, eine etwa tausendköpfige, ihm bedingungslos ergebene Gefolgschaft, mit deren Hilfe der «Schreckliche» das Reich terrorisierte. Auf persönlichen Befehl Iwans entstand 1568 im Kreml von Wologda die Sophienkathedrale nach dem Vorbild der Mariä-Himmelfahrts-Kathedrale in Moskau. Die architektonische Anlehnung sollte der zaristischen Zentralgewalt huldigen: Fünfkuppelkonstruktionen mit ihrer Monumentalität galten das gesamte 16. und 17. Jahrhundert hindurch als Sinnbild des Gottesgnadentums der Moskowiter Großfürsten. Auch das Erlöser-Priluzki-Kloster vor den Toren der Stadt erinnert an Zar Iwan, der dem 1370 gestifteten Kloster seine Gunst zuteil werden ließ und durch Befreiung von Steuerpflichten die Errichtung neuer Bauten förderte. Das Kloster beherbergt heute unter anderem ein Meisterwerk der russischen Holzarchitektur: die Mariä-Himmelfahrts-Kirche aus der ersten Hälfte des 16. Jahrhunderts.

Zu Beginn des 18. Jahrhunderts hegte Peter I. Pläne, Wologda als Binnenhafen auszubauen. Die neue Hauptstadt Sankt Petersburg mit ihrem günstigen Zugang zur Ostsee lief dem Wolga-Städtchen dann allerdings den Rang ab und machte es zu einer Provinzstadt unter vielen anderen in Rußland.

Gebäude in Twer, Wladimir und Wologda als charakteristische Beispiele altrussischer Profan- und Sakralbauten: die Dreifaltigkeitskirche in Twer (links oben), ein mit Kuppeln bekrönter, einfacher Quaderbau mit freistehendem Glockenturm; farbig gefaßte und mit Schnitzereien verzierte Wohnhäuser aus Holz in Wladimir (links unten); die Christi-Verklärungs-Holzkirche in Wologda mit ihrem schindelgedeckten Zeltdachturm (rechts).

AM STROM DER WOLGA: RUSSISCHES BAUERNLAND

Vor vierzig Jahren fuhren die Dampfer noch recht langsam; unsere Fahrt nach Nishnij Nowgorod dauerte sehr lange, und ich erinnere mich noch recht gut dieser Tage, die mich in Schönheit schwelgen lehrten. ... Unmerklich still schwebt die Sonne über die Wolga hin; von Stunde zu Stunde ist alles rings verändert, alles neu; die grünen Berge sind gleichsam bauschige Falten im reichen Gewand der Erde; an den Ufern liegen Städte und Dörfer, die von weitem wie aus Pfefferkuchen geformt scheinen; goldiges Herbstlaub schwimmt auf dem Wasser.

Maxim Gorki

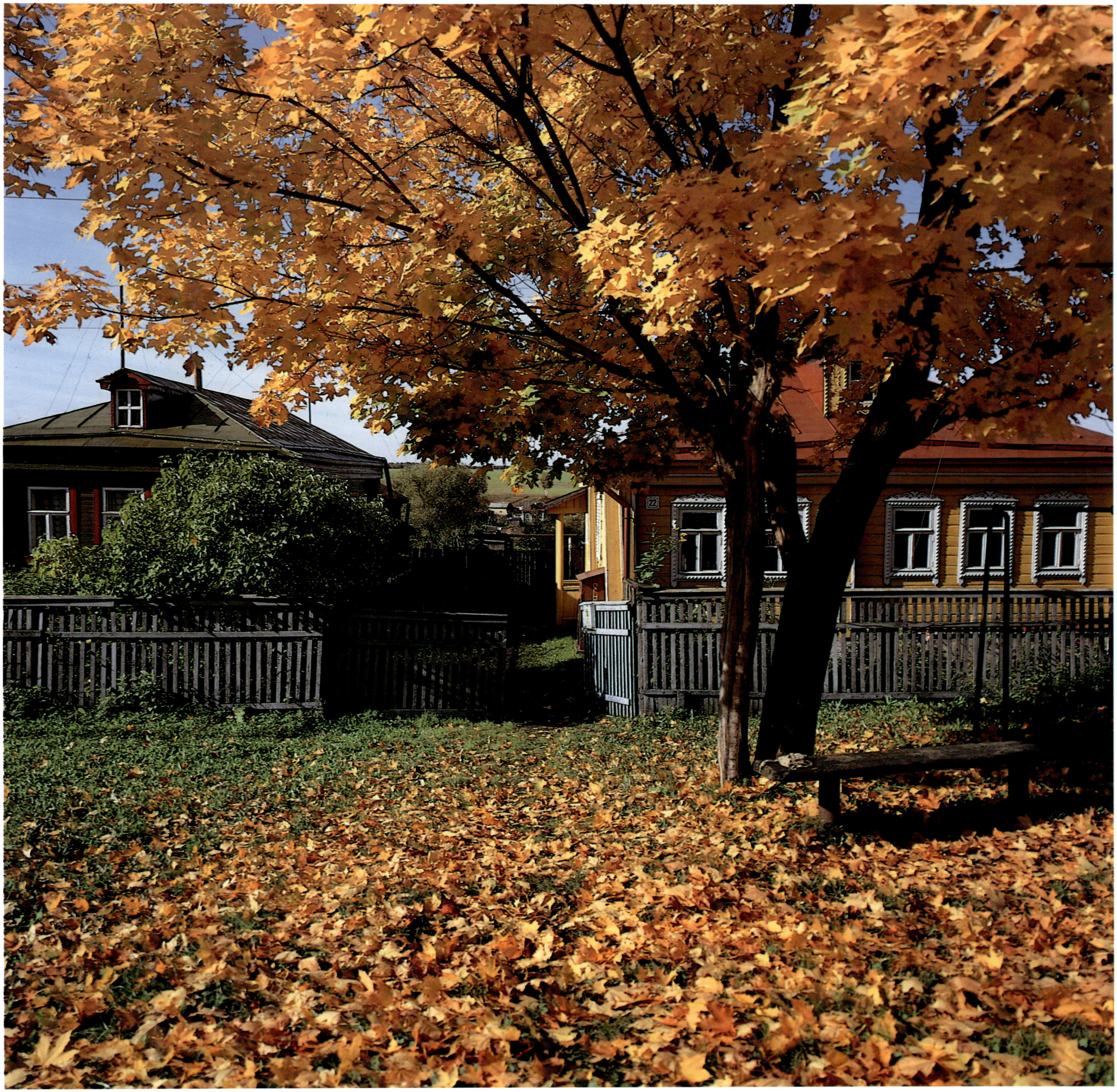
22

◁ BEI PETROWSKOJE *Die «goldenen Schatten auf dem Herbstwald» besang der russische Dichter Sergej Jessenin zu Anfang des Jahrhunderts. Auch das leuchtende Gelb des Holzhauses fügt sich in die herbstliche Harmonie dieser ländlichen Idylle in der Nähe von Petrowskoje.*

BEI MUROM *Eine auch noch im 20. Jahrhundert in Rußland weit verbreitete Wohnform: die einfachen, doch liebevoll verzierten Blockhäuser mit ihren beschaulichen Gärten.*

BEI GOROCHOWEZ *Aus ihren Gemüse- und Obstgärten, wie hier in der Nähe von Gorochowez, können sich die Landbewohner selbst versorgen. Ihre Vorräte lagern sie in dem Podklet-Unterbau, dem Sockelgeschoß des Hauses, das den Keller ersetzt.*

ROSTOW WELIKI   *Aufwendig geschnitzte Fensterumrahmungen zieren dieses Haus in Rostow Weliki. Nach dem großen Orkan im Jahr 1953, der viele Bauten schwer beschädigt hat, wurden auch die Wohnhäuser wieder liebevoll restauriert.*

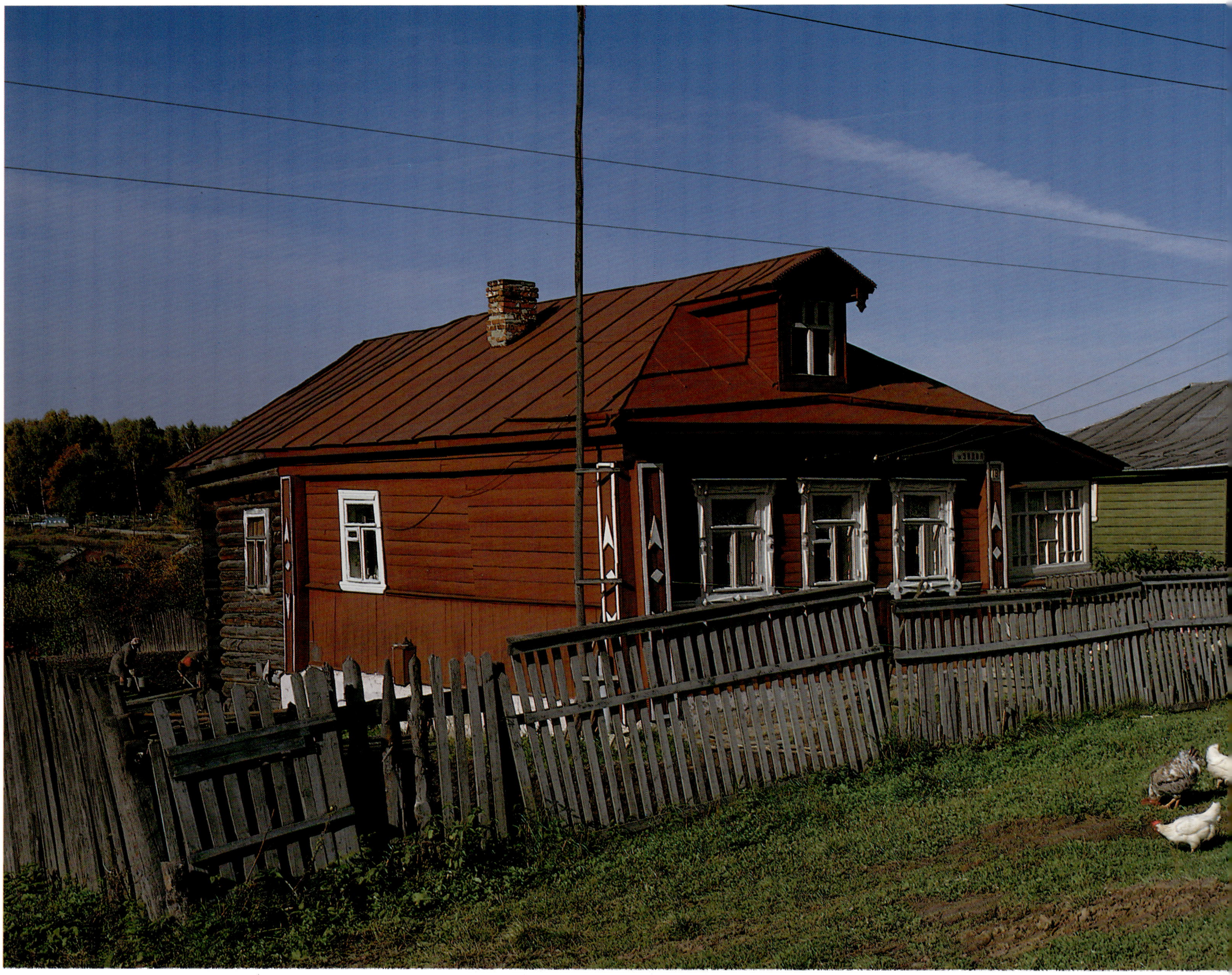

LAKINSK Am Stadtrand von Lakinsk: zu sein. Nur die Strommasten
In dieser eher ländlichen Idylle erinnern an die Gegenwart.
scheint die Zeit stehengeblieben

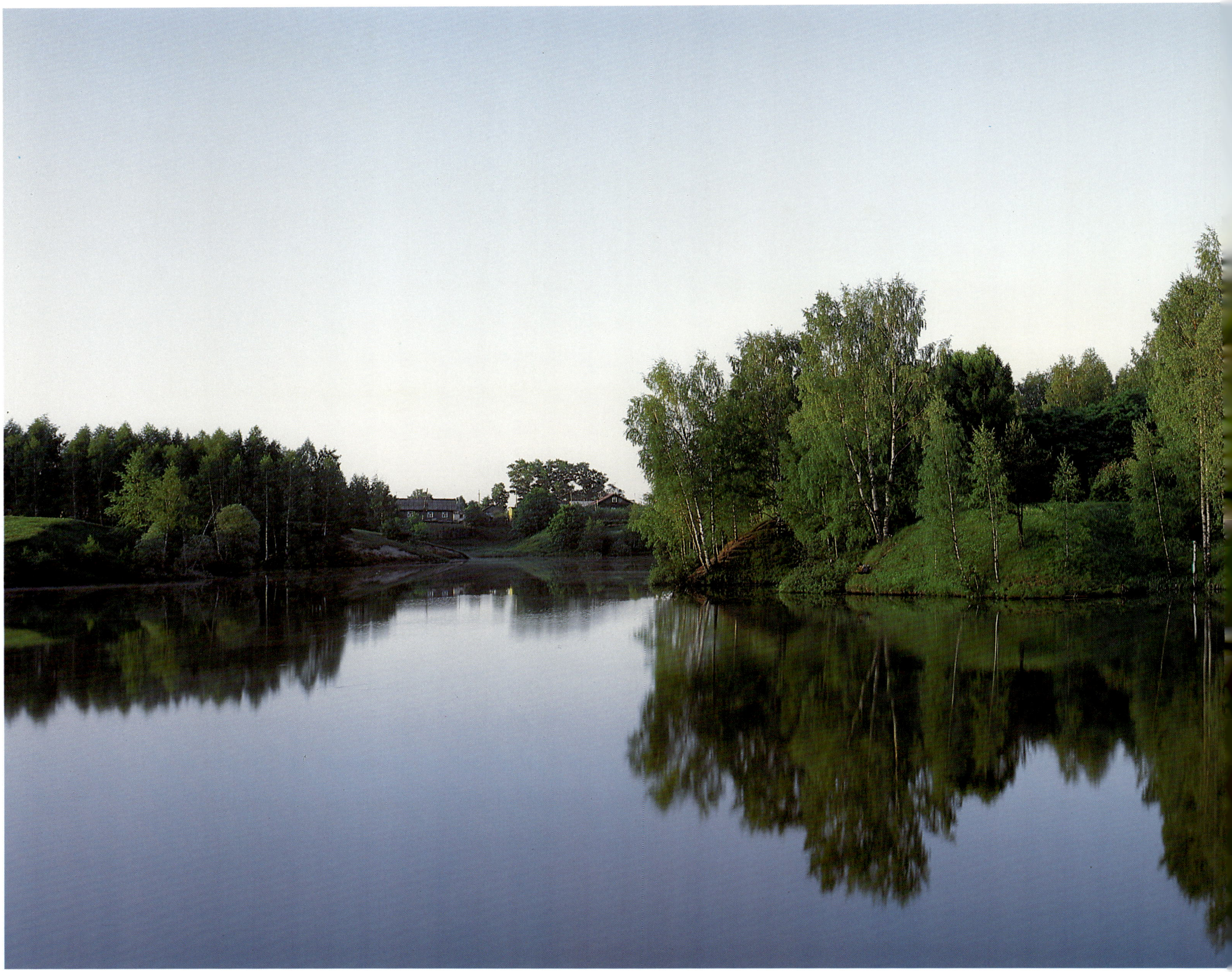

BEI NISHNI NOWGOROD «Das weiche Flüstern, das anhaltende Gemurmel des Sommers» vernahm der Dichter Iwan Turgenjew im Laub der Birken – einsame Wolga-Landschaft bei Nishni Nowgorod.

BEI SAWOLSHJE   *Flüsse, gleich uferlosen Seen,*   Lastkähne auf der Wolga nicht
                            ein Land, wie ohne Grenzen: weit von Sawolshje.

Fischerboote im letzten Tageslicht auf der abendstillen Wolga vor dem bewaldeten Steilufer in der Nähe von Kineschma.

BEI KINESCHMA ▷

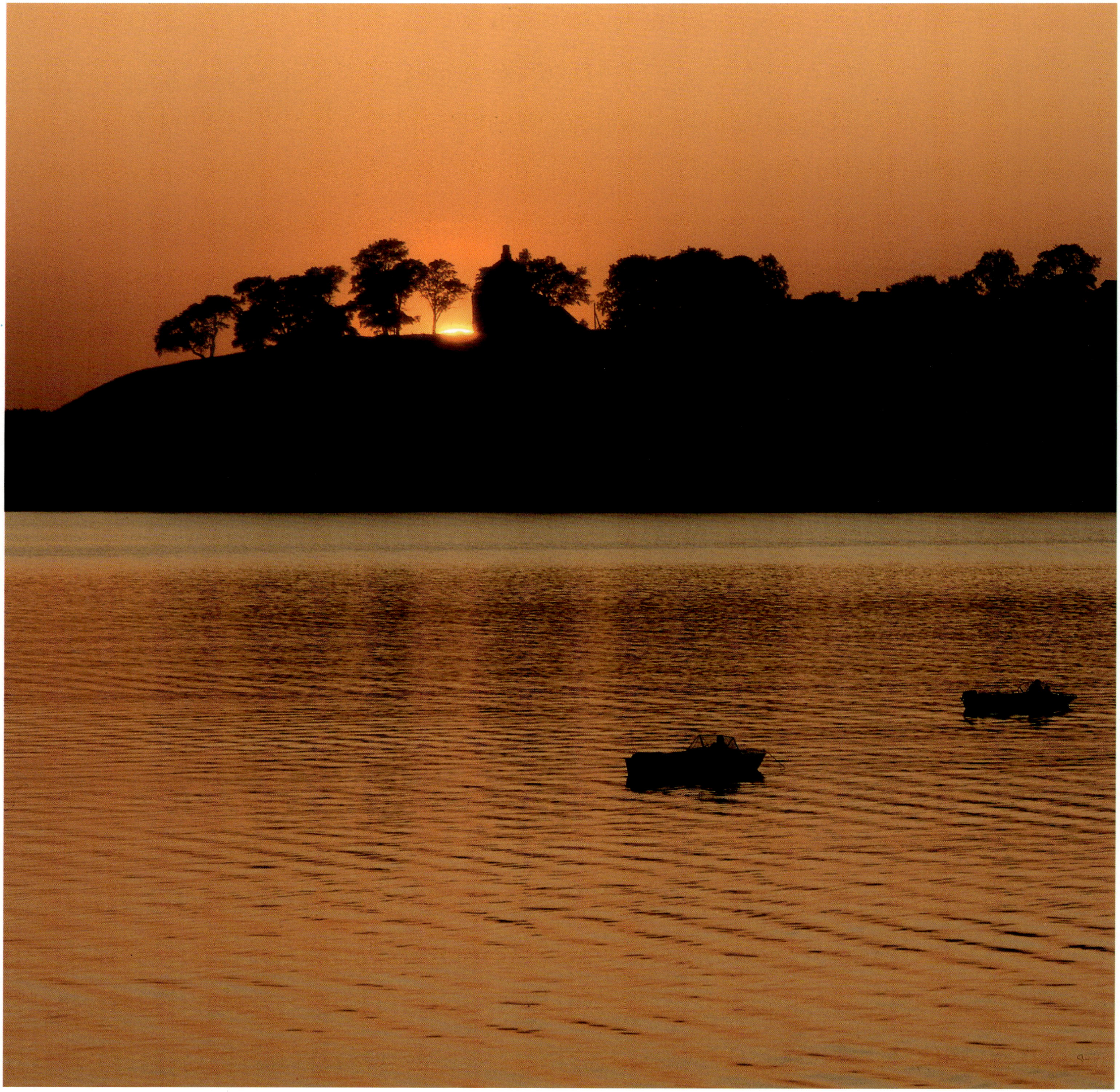

Heiderose Engelhardt

KLEINES GLOSSAR ZUR RUSSISCHEN KUNST

Altrussische Kunst Mit der Einführung des Christentums durch Jaroslaw den Weisen im Jahr 988 entwickelte sich in Rußland eine eigenständige Kunst. Die Übernahme des christlich-orthodoxen Glaubens hatte weitreichende Folgen für die Kultur des Landes. Der Sakralbau und dessen Ausstattung standen im Mittelpunkt aller künstlerischen Bemühungen und waren ganz der Liturgie der Ostkirche verpflichtet. Dementsprechend wurden byzantinische Formen auch Grundlage der russischen Kunst. Doch dieses byzantinische Erbe erfuhr sehr bald eine eigene russische Umdeutung: heimische Traditionen aus dem Holzbau und der Volkskunst durchdrangen sowohl die Architektur als auch die Baudekoration. Anders als in Westeuropa sind zeitlich aufeinanderfolgende Stilrichtungen, wie etwa Romanik, Gotik und Renaissance kaum von Bedeutung. Vielmehr wurden in Rußland bestimmte Kunsttraditionen immer wieder variiert und fanden in lokalen Kunstzentren, wie Nowgorod, Pskow, Tschernigow, Wladimir-Susdal oder Moskau einen eigenen, ihrer sozialen Einbindung entsprechend ausgeprägten Stil. Die Werke altrussischer Kunst müssen als Teile eines großen Gesamtkunstwerks betrachtet werden. So bildeten Architektur und Malerei immer eine Einheit. Die Plastik ist lediglich als Bauschmuck greifbar. Vollplastische Darstellungen waren zwar nicht direkt, wie nach dem Bilderstreit in Byzanz, verboten, wurden aber abgelehnt. Im 17. Jahrhundert brach für Rußland ein neues Zeitalter an: Mit der nationalen Einigung des russischen und ukrainischen Volkes begann die Neuzeit. Das vereinigte Rußland trat in engere Beziehungen zu Westeuropa. Moskau war nun das Zentrum des Reichs und vertrat mit einem eigenen Kunststil, dem sogenannten «Reichsstil», seinen Anspruch als Metropole. Künstlerisch ist das 17. Jahrhundert als eine Übergangszeit zu verstehen, in der, entsprechend der sozialpolitischen Vorgänge, widerstrebende Tendenzen des Neuen und Alten zum Ausdruck kommen. Dem auch künstlerischen Anschluß an Westeuropa und einer Profanisierung der gesamten Kultur stand ein Festhalten an altrussischen, konservativ scholastischen Traditionen entgegen. Beispielsweise wurde der Kanon der Ikonenmalerei wieder einer strengen Aufsicht unterzogen und auf altrussische, mittelalterliche Bauformen zurückgegriffen. Gegen Ende des 17. Jahrhunderts, mit dem Beginn der Neuzeit, fand die Ära der altrussischen Kunst ihr Ende.

Glocken Das Glockengeläut hatte im alten Rußland für den Tagesablauf sowohl im klösterlichen als auch im bürgerlichen Leben eine wichtige Bedeutung. Mit der Entwicklung der Städte mußte die ländlich geprägte Gemächlichkeit des Lebens einer strengen Zeiteinteilung weichen. Der Klerus kontrollierte die soziale Zeit der Bevölkerung, ähnlich wie in den Klöstern, durch das Schlagen des Semandroms, später mit einem kunstvollen System des Glockengeläuts, wobei durch die Klänge der Glocken, von den mächtigen bis zu den kleinsten, eine großartige Harmonie erzielt wurde. Je nach Art des Geläuts unterschied man verschiedene Anlässe: bestimmte Festtage, Taufen, Beerdigungen, Hochzeiten und auch öffentliche Nachrichten. Aus dem Kirchturm mit Glockenstuhl bildete sich die «Kirche unter Glocken» als Sonderform in Rußland heraus. Dabei ist die Basis der Kuppeltrommel als großzügiger Glockenraum mit arkadenförmigen Schallöffnungen ausgestattet. Ein Beispiel dieser Art ist die Heilig-Geist-Kirche (1476–1477) des Dreifaltigkeits-Sergios-Klosters in Sergijew Possad. Eine weitere Besonderheit ist die Glockenwand (Swonniza), eine freistehende, flache Arkadenarchitektur, bei der die Glocken überdacht in zahlreichen Bogenöffnungen hängen. Die Glockenwand ist praktisch eine Verselbständigung des Glockengiebels, bei dem die Glocken in einer Giebelwand mit Bogenöffnungen nebeneinander aufgehängt sind.

Holzbaukunst Die Holzbaukunst hatte im ostslawischen Gebiet eine weitaus größere Bedeutung als in Süd- und Westeuropa. Die Tradition der Holzbaukunst kann bis weit in die vorchristliche Zeit zurückverfolgt werden. Sie war über das Mittelalter hinaus bis zu den Reformen Peters I. zu Beginn des 18. Jahrhunderts in Rußland vorherrschend. Die Häuser der Bauern und Kleinbürger wurden ebenso in Blockbauweise ausgeführt wie auch Stadtbefestigungen, Paläste, Kirchen und Klöster. Der heutige Denkmalbestand verfälscht das Bild der ursprünglichen Verhältnisse: Holzbauten – sakrale wie profane – waren vorherrschend, Steinbauten selten. Von monumentalen Holzbauten der vormongolischen Zeit ist man lediglich durch überlieferte Chroniken unterrichtet. Die ältesten erhaltenen Zeugnisse des sakralen Holzbaus stammen aus dem 15./16. Jahrhundert. Profane Holzbauwerke sind erst aus dem 18. Jahrhundert bekannt. Die Holzbaukunst hatte in Rußland ein so hohes künstlerisches

Das «Bojarenmädchen mit gekreuzten Armen» von Wassili I. Surikow entstand 1884 bis 1887. Der Maler gehörte innerhalb des Kreises der «Wanderer» derjenigen Richtung an, die in ihrer Historienmalerei auch eine psychologische Charakterisierung der dargestellten Personen anstrebte (Öl auf Leinwand, 46 x 35,5 cm, STG).

Verspielte Details kennzeichnen die russische Holzbaukunst. Links oben: Zwiebeldachförmige Fassadenblende (Botschki) an einer Kirche auf der Insel Kishi. Im Museum für Holzbaukunst und Bauernalltag in Susdal: fein ausgearbeitete Holzschindeldächer der Christi-Verklärungs-Kirche aus dem Jahr 1756 (links unten); die 1766 erbaute Nikolaus-Kirche mit ihrer malerischen Galerie, ein schönes Beispiel der Blockbauweise (rechts).

Niveau, daß sie der Steinbaukunst keineswegs nachstand. Die russischen Bauleute waren hierin große Meister und beherrschten ihr Metier geradezu spielerisch. Interessant ist die wechselseitige Befruchtung der Holz- und Steinbautechnik. Wichtige Elemente der Holzbautechnik durchdrangen die altrussische Baukunst, wie die Konstruktion der *Botschki* (einer besonderen Dachform, die an eine Zwiebelkuppel im Längsschnitt erinnert), der Zeltdächer, der Zwiebelkuppel selbst, die eine typische Zimmermannskonstruktion ist, oder der kielförmigen Überwölbungen von Fenstern und Eingängen. Das Prinzip der russischen Architektur, viele einzelne Raumzellen aneinanderzureihen und miteinander zu verbinden sowie Einzelformen immer wieder zu variieren, hat ebenfalls seinen Ursprung in der Holzbauweise. Der Typus der Gruppenkirche, bei dem mitunter neun Einzelkirchen zu einem Bauensemble verbunden sind, ist dafür bezeichnend. Auch im Baudekor von Steinbauten spiegeln sich Einflüsse aus der Holzschnitzkunst wider, und umgekehrt. Im Außenbau unterscheiden sich Holzkirchen deutlich von Steinbauten. Rundformen des Steinbaus werden in polygonale Formen übertragen. Auffallend ist der steil aufragende Baukörper mit vielen einzelnen Türmchen, mitunter 17 bis 21 an der Zahl.

Ikone Mit Ikone, griechisch für «Bild», bezeichnet man in der griechisch-orthodoxen Kirche das Tafelbild im Unterschied zum Wandgemälde. Die Ikone hat ihren Ursprung in der Tradition des spätantiken Gedächtnisbildes Verstorbener. Ikonen sind jedoch weit mehr als gemalte Holztafeln. Schon im 5. Jahrhundert wurden Ikonen als Kultbilder verehrt und angebetet. Sie wurden zum Bestandteil der orthodoxen Liturgie, aus der sich die feste funktionale Einordnung in den Kirchenraum ableitet. Die Ikonen hatten den Anspruch, «göttliches Sein» dem Gläubigen in Erscheinung zu bringen, und damit ein «Fenster in die Ewigkeit» darzustellen. Schon früh wurde es auch üblich, Ikonen mit Edelmetall und Geschmeide zu schmücken und zu schützen, was wegen der inbrünstigen Verehrung, die das Bestreichen und Küssen der Bilder einschließt, notwendig wurde. Man unterscheidet Oklad-Ikonen, die lediglich Gesichter und Hände unbedeckt lassen und den Rest der Darstellung im Relief wiedergeben, und Basma-Ikonen, bei denen die Verkleidung nur die Figuren freiläßt. Die im russisch-orthodoxen Glauben den Ikonen zugeschriebene wundertätige Wirkung kann sowohl für den einzelnen als auch für das ganze Land Gültigkeit haben. So war zum Beispiel die *Wladimirskaja*, die «Gottesmutter von Wladimir», in dieser Hinsicht für Rußland von großer Bedeutung. Der Legende nach soll das Urbild von dem Evangelisten Lukas gemalt worden sein. Die Ikone entstand vermutlich Anfang des 12. Jahrhunderts in Konstantinopel und wurde von dort zwischen 1120 und 1155 nach Kiew gebracht. Von dort aus gelangte sie im 12. Jahrhundert in die Mariä-Himmelfahrts-Kathedrale von Wladimir, dem Ort, der ihr ihren Namen gab. Wundertätige Wirkungen werden seit 1163 berichtet. Beispielsweise holte man sie zur Abwehr des Heeres des Mongolenchans Tamerlan 1395 nach Moskau, und noch im Napoleonischen Feldzug wurde sie 1812 ins russische Lager getragen, um durch sie den Sieg zu erflehen. Heute befindet sie sich in der Moskauer Tretjakow-Galerie. Wie diese Ikone zum Darstellungstyp der Eleusa, der «Gottesmutter des Erbarmens» gehört – das Jesuskind, das sie im Arm hält, schmiegt sich an die Wange Mariens –, lassen sich für die russische Ikonenmalerei einige weitere Grundmotive aufzeigen. Man kennt Christus- und Muttergottes-Ikonen, Fürbitt-Ikonen (Deesis), Heiligendarstellungen, Festtags-Ikonen mit dem Zyklus der zwölf Hochfeste der orthodoxen Kirche, Monats- und Kalender-Ikonen und Ikonen, die Figurenszenen darstellen. Eine in Rußland besonders verehrte Sonderform der Christus-Ikonen stellt das «nicht von Menschenhand» gemalte Antlitz Christi dar, das Acheiropoietos-Motiv. Es ist leicht daran zu erkennen, daß Christus streng frontal, mit weit geöffneten Augen und ohne Hals dargestellt wird.

Im 16. Jahrhundert wurden Ikonen auch als selbständige Andachtsbilder für den privaten Gebrauch hergestellt.

Links: Die Kathedrale von Selenogorsk, einem kleinen Ort am Finnischen Meerbusen, nicht weit von Sankt Petersburg.
Rechts oben: Glöcknerwettbewerb im Glockenturm des Christi-Verklärungs-Klosters in Jaroslawl.
Rechts unten: Eine Gottesmutter-Ikone schmückt die Außenwand des um 1405 gegründeten Klosters des Heiligen Sabbatios auf dem Wachtberge bei Swenigorod.

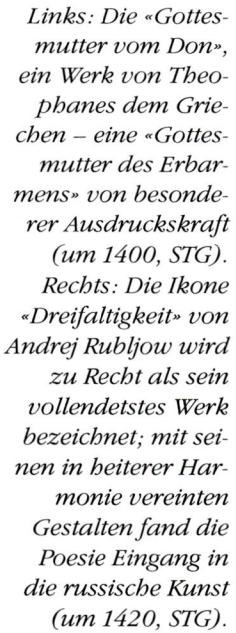

Links: Die «Gottesmutter vom Don», ein Werk von Theophanes dem Griechen – eine «Gottesmutter des Erbarmens» von besonderer Ausdruckskraft (um 1400, STG). Rechts: Die Ikone «Dreifaltigkeit» von Andrej Rubljow wird zu Recht als sein vollendetstes Werk bezeichnet; mit seinen in heiterer Harmonie vereinten Gestalten fand die Poesie Eingang in die russische Kunst (um 1420, STG).

Ikonenmaler Anfangs war die Ikonenmalerei von byzantinischen Vorbildern beherrscht und wurde weitgehend von Malern aus Byzanz getragen. Erst im 12. Jahrhundert entwickelte sich eine eigene russische Ikonenmalerei. Rußlands berühmteste Ikonenschulen bzw. Malerklöster befanden sich in Nowgorod, Pskow, Wladimir, Jaroslawl, Twer und in Moskau. Ihren Höhepunkt erlebte die russische Ikonenmalerei im 14. und 15. Jahrhundert unter dem Dreigestirn der großen Maler Theophanes der Grieche, Andrej Rubljow und Dionissi. Einzelne Schulen, wie die von Godunow oder Stroganow (beide nach Mäzenen benannt), prägten in späterer Zeit eigene Stilrichtungen.

Theophanes der Grieche wurde um 1340 in Griechenland geboren und wirkte etwa 30 Jahre lang, bis zu seinem Tod um 1410, in Rußland. Seine Fresken, monumentale Wandbilder, bei denen die Farben auf den frischen, noch nassen Kalkputz aufgetragen wurden, die dann in den Putz eindringen, in der Nowgoroder Christi-Verklärungs-Kirche auf der Ilja-Straße (1378), wie auch seine Ikonen bestechen durch ihren lockeren, frischen Malduktus und die kühnen Bildkompositionen. Theophanes verzichtete offensichtlich auf Bildvorzeichnungen. Die Gesichter seiner Figuren sind scharf charakterisiert. Im Jahr 1395 wurde er nach Moskau berufen, wo er 1405 zusammen mit Andrej Rubljow die Verkündigungskathedrale ausmalte. Lediglich die Ikonostase der Kathedrale, die Bilderwand, die das Kirchenschiff vom Sakralraum trennt, für die Theophanes die Deesis malte, blieb erhalten.

Andrej Rubljow wurde um 1360 geboren und starb um 1430. Seine Ausbildung zum Maler erhielt er als Mönch in Sergijew Possad. Rubljow gilt als der bedeutendste russische Künstler und war für die russische Malerei richtungsweisend. Seine Schaffenszeit ist zugleich die Zeit der Befreiung der Russen von der Tatarenherrschaft. Ab 1408 arbeitete Rubljow an den Fresken zum Thema des Jüngsten Gerichts und an der Ikonostase in der Mariä-Himmelfahrts-Kathedrale in Wladimir. Nach diesen Arbeiten führte er vermutlich in der Kathedrale in Swenigorod die Deesis-Reihe der

Ikonostase aus. Sein wahrscheinlich letztes, aber bestimmt berühmtestes Werk ist die Dreifaltigkeits-Ikone, die «Troiza», die sich heute in der Moskauer Tretjakow-Galerie befindet. Rubljows Stil zeichnet eine alles beherrschende Harmonie der Gestaltung sowie eine wundervolle Ruhe und Verhaltenheit der grazilen Figuren mit weicher, gefühlsbetonter Körpersprache aus.

Meister Dionissi lebte etwa von 1440 bis 1502. Er hat die Moskauer Malerschule im ausgehenden 15. Jahrhundert am nachhaltigsten geprägt. Seine Werke, die er meist mit seinen Söhnen Feodossi und Wladimir ausführte, sind stark von der Kunst Andrej Rubljows beeinflußt. Die sehr zarten und überlängten Figuren wirken beinahe zerbrechlich. Seine Farbgebung erscheint ausgesprochen brillant und hat im Vergleich zu Rubljow größere Leuchtkraft. In Dionissis Werken tritt das Ornamentale stärker in den Vordergrund.

Ikonostase Die Ikonostase ist in der russisch-orthodoxen Kirche eine von ein bis drei Türchen durchbrochene Bilderwand, die das Allerheiligste vom Gemeinderaum trennt. Ursprünglich bildete ein niedriger Abschluß nach Art der altchristlichen Chorschranken, auf den man im hohen Mittelalter besonders verehrungswürdige Ikonen stellte, die Grenze zum Sanktuarium. Diese Bildwände werden im 14. Jahrhundert, besonders in der russischen Kirche, immer höher und reichen zuweilen bis unter das Gewölbe. Die älteste erhaltene Ikonostase ist die der Verkündigungskathedrale im Moskauer Kreml. Der Durchgang in der Mitte der Ikonostase, auch Heilige Tür, Paradiestür, Zarentor genannt, führt zum Altarraum. Hinter der Ikonostase verrichten die Priester, optisch völlig von der Gemeinde abgeschirmt, die liturgischen Handlungen am Altar. Die nördliche Tür führt zum Prothesisraum, wo die Opfergaben vorbereitet werden und die südliche zum Diakonikon, dem Aufbewahrungsort liturgischer Gewänder und Geräte. Die Bilder der Ikonostase sind in mehreren Reihen übereinander nach einem festen thematischen Schema angeordnet. In der Sockelzone sind

Links: «Über dich freut sich jeglich Geschöpf» heißt die 1482 von Dionissi geschaffene Ikone aus der Mariä-Himmelfahrts-Kathedrale des Moskauer Kreml (STG).
Rechts oben: Deesis-Reihe (17. Jahrhundert) der Ikonostase der Dreifaltigkeitskathedrale in Kostroma.
Rechts unten: Die 1670 bis 1680 im prunkvollen Stil des Hochbarock entstandene Ikonostase der Prophet-Elias-Kirche in Jaroslawl.

zwischen den Türen die Christus-Ikone und die Ikonen der Gottesmutter sowie der Heiligen, denen die Kirche geweiht ist, angeordnet. Die darüberliegende «Festtagsreihe» mit Darstellungen aus dem Leben Christi und dem Marienleben symbolisiert das Neue Testament. In der Reihe der Deesis, die sich daran anschließt, erscheint Christus als Weltenrichter. Ihm fürbittend zugewandt stehen die Gottesmutter, Johannes der Täufer, die Erzengel Michael und Gabriel, die Apostel Petrus und Paulus sowie die Liturgen Johannes Chrysostomos und Basileios zur Seite. Die sich darüber anschließenden Reihen zeigen die Gottesmutter inmitten der Propheten, und die abschließende Reihe stellt die das Alte Testament verkörpernden Stammväter Christi dar.

«Nach dem Regen. Am Fluß» nannte der Landschaftsmaler Isaak I. Lewitan sein 1889 entstandenes Gemälde, in dem er in feinen Tönen die Übergangsstimmung einfing, in der die grauen Wolkenschleier sich auflösen, um die ersten Sonnenstrahlen durchzulassen (Öl auf Leinwand, 80 x 125 cm, STG).

Kreml Der Kreml (bis zum 14. Jahrhundert *Detinez* genannt) war im alten Rußland das Verteidigungs- und Verwaltungszentrum mittelalterlicher Städte. Gewöhnlich wurde er auf einer erhöhten Stelle im Dreieck von Flußmündungen errichtet, die einen zusätzlichen natürlichen Schutz boten. Anfangs wurde die Kremlanlage von Erd- und Holzwällen, später von Mauern mit Toren und Wehrtürmen umgeben. Im Schutz des Kreml lagen die Kathedralen, die Klöster, der Fürstenhof, die Bojarengüter sowie Verwaltungsgebäude. Im 18. Jahrhundert verloren die Kremlanlagen ihre strategische Bedeutung.

Kreuzkuppelkirche Die Kreuzkuppelkirche ist der vorherrschende Kirchenbautyp in der russischen Sakralbaukunst. Der Name faßt schon das wichtigste Charakteristikum dieser Bauform zusammen: Der über einem griechischen Kreuz errichtete Kernbau wird von einer Kuppel überwölbt, die Kreuzarme tragen Tonnengewölbe. Je nach beabsichtigter Prachtentfaltung ist der Kernbau um weitere Seitenschiffe erweitert, gruppieren sich um die Hauptkuppel kleinere Kuppeln. Im Osten schließt der Bau mit einer oder drei Apsiden, im Westen mit einer von Pfeilern getragenen Herrschaftsempore. Der Außenbau ist entsprechend der inneren Raumaufteilung durch plastisch hervortretende Mauerstreifen (Lisenen oder Pilaster) gegliedert. Die Fassadenfelder werden oben häufig durch Sakomare (Rundgiebel), bzw. durch mehrreihig gestaffelt aufsteigende Bögen oder Kielbögen, begrenzt. Nach dem Kopfschmuck russischer Frauen nennt man diese Bögen im Russischen *Kokoschniki*. Richtungsweisend für den repräsentativen Sakralbau war der Sitz des von Konstantinopel eingesetzten Metropoliten, die Kiewer Sophienkathedrale (um 1037) – ein gewaltiger fünfschiffiger Kreuzkuppelbau mit 13 Kuppeln, während die in ihrer Formensprache reduzierte Himmelfahrtskathedrale des Kiewer Höhlenklosters mit nur einer Kuppel und sechs Pfeilern im Innenraum zum Inbegriff der russischen, national gesinnten, gegen Byzanz gerichteten Opposition wurde. Diesem Schema folgten klösterliche, bürgerliche und selbst fürstliche Bauten. Gleichzeitig entwickelte sich, ausgehend von kleinen Klöstern, ein sehr einfacher Bautyp mit nur vier Pfeilern und einer Kuppel als Vorbild für Gemeinde- und Pfarrkirchen.

Neue russische Kunst Die neue russische Kunst beginnt mit dem Regierungsantritt Peters I.; eigentlich mit der Gründung Sankt Petersburgs. Zunächst lag die Baukunst in den Händen ausländischer Künstler, von Franzosen, Niederländern, Deutschen und Italienern. Erst in der zweiten Hälfte des 18. Jahrhunderts bildete sich ein eigenständiger russischer Architektenstamm heraus, der in barocken und klassizistischen Formen zu bauen verstand. Die neuzeitliche russische Architektur entwickelte sich analog zur westlichen und war eigentlich eine westeuropäische Variante auf russischem Boden. Großzügig angelegt, spiegelt sie die Weite des Landes. Für die russische Barockarchitektur, namentlich die Petersburger, ist Bartolomeo Rastrelli (1700–1771) der wichtigste Baumeister. Zu seinen reifsten und größten Werken gehören das große Palais in Puschkin (Zarskoje Selo) erbaut 1747 bis 1757, das Winterpalais (1754–1762) und das Smolny-Kloster (1748–1760) in Sankt Petersburg.

Erst im 19. Jahrhundert entwickelte sich eine eigenständige nationale Bildhauerkunst.

In der Malerei hingegen traten schon früher nationale Züge hervor. Im 18. Jahrhundert galt Dimitri Lewizki (1735–1822) als der bedeutendste russische Bildnismaler. Die russische Landschaftsmalerei im neuen Sinne begründeten Semjon Stschedrin (1745–1804) und Michail Iwanow (1748–1832). Mit den Werken Isaak Lewitans (1861–1900) erreichte sie zum Jahrhundertende ihren Höhepunkt. Die neue russische Genremalerei, die auch das einfache, bäuerliche Leben zum Thema hatte, wurde durch Alexej Wenezianow (1780–1847) entscheidend geprägt. Große Bedeutung hatte in der russischen Kunst die naturalistische Historienmalerei, die insbesondere mit dem Namen Ilja Repin (1844–1930) verbunden ist.

Eine Blütezeit erlebte die russische Malerei Anfang des 20. Jahrhunderts. Künstler wie Marc Chagall, Wassili Kandinsky, Alexej Jawlenski, Kasimir Malewitsch, El Lissitzky, Alexander Archipenko oder Michail Larionow zählen zur internationalen Avantgarde der Kunst des 20. Jahrhunderts. Einige Jahre nach der russischen Revolution 1917 wurde diese Entwicklung aber zugunsten des «sozialistischen Realismus», der die sowjetische Kunst für die nächsten Jahrzehnte bestimmen sollte, weitestgehend abgebrochen.

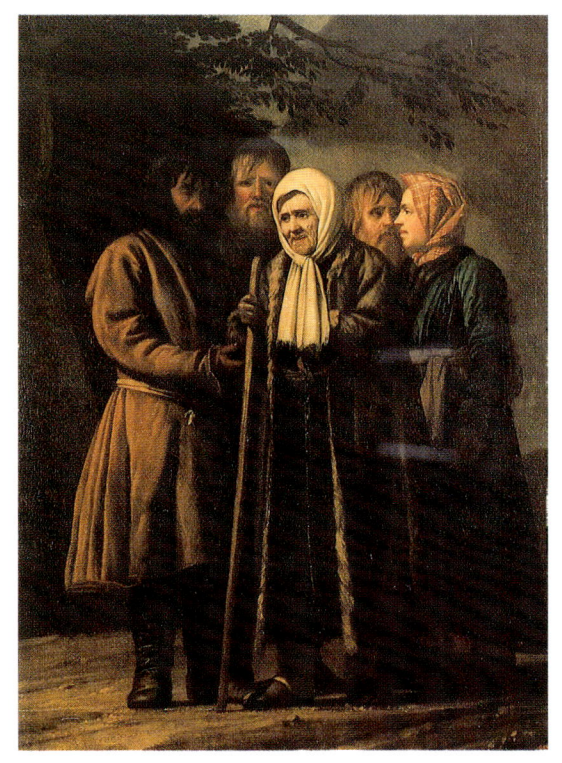

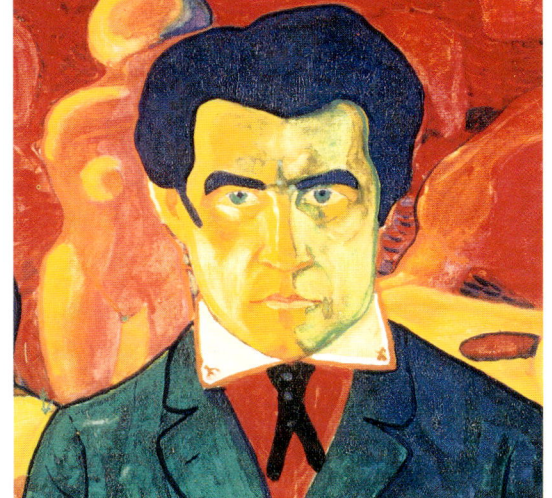

Links oben: «Moskauer Hof» von Wassili D. Polenow (Öl auf Leinwand, 64,5 x 80,1 cm, 1878, STG).
Links Mitte: «Ankunft des Zauberers auf der Dorfhochzeit» von Wassili M. Maximow (Öl auf Leinwand, 43,7 x 67,5 cm, 1874, STG).
Links unten: «Der Viehhändler» von Marc Chagall (Öl auf Leinwand, 97 x 200,5 cm, 1912, Öffentliche Kunstsammlung, Basel).
Rechts oben: «Mittag» von Alexander A. Dejneka (Öl auf Leinwand, 58 x 80 cm, 1932, SRM).
Rechts Mitte: Eine hundertjährige Bäuerin mit ihrer Familie von V. Erichsen, dem Hofmaler Katharinas II. (1771, SRM).
Rechts unten: «Selbstporträt» des Malers Kasimir Malewitsch (1908, Privatbesitz, Moskau).

175

RUSSLAND
N
0
100 km
WEISSES MEER
SOLOWEZKI-INSELN
ONEGA-HALBINSEL
Dwina-Bucht
Onega-Bucht
Mesen
Waschka
Pinega
Nördl. Dwina
Wytschegda
Waga
Onega
Suchona
Wiga
Wetluga
Unsha
Kem
Oulu
F I N N L A N D
K a r e l i e n
Uchta
Schomba
Kem
ARCHANGELSK
Nowodwinsk
SEWERODWINSK
Onega
Nadwoizy
Medweshjegorsk
Kondopoga
Suojarwi
Sortawala
PETROSAWODSK
Onega-See
Pudosh
Plessezk
Kargopol
Welsk
Kotlas
Weliki Ustjug
Podjuga
Ladoga-See
Wyborg
Wytegra
Lodejnoje Polje
FINNISCHER MEERBUSEN
Selenogorsk
Peterhof (Petrodworez)
Lomonossow
SANKT PETERSBURG
Puschkin (Zarskoje Selo)
Gatschina
Narwa
ESTLAND
Wolchow
Tichwin
Kirischi
Pikaljewo
Jefimowski
Babajewo
R U S S L A N D
Weißer See
Belosersk
Kirillow
Ustje
Sokol
Totma
Suda
Scheksna
TSCHEREPOWEZ
WOLOGDA
Peipus-See
TARTU
Luga
Pljussa
Luga
Pljussa
Wolchow
Msta
NOWGOROD
Ilmen-see
Petschory
Isborsk
PSKOW
Porchow
Staraja Russa
Waldai
Kushenkino
Pola
Lowat
Wyschni Wolotschok
Ostrow
Rybinsker Stausee
Rybinsk
Bui
Galitsch
Scharja
Wetluga
KOSTROMA
Krasnoje
Wolga
JAROSLAWL
Uglitsch
Ples
Kineschma
Kowernino
Uren
Woskressenskoje
Rostow Weliki
Nero-See
IWANOWO
Palech
Semjonow
Pleschtschejewo-See
Pereslawl-Salesski
Nerl
Jurjew-Polski
Sawolshje
NISHNI NOWGOROD
Kljasma
KOWROW
Susdal
LETT-LAND
W a l d a i - H ö h e n
Torshok
TWER
Dubna
Wolga
Wolga
Rshew
WELIKIJE LUKI
Nelidowo
Westl. Dwina
Klin
Wolokolamsk
Sergijew Possad
NOGINSK
WLADIMIR
Bogoljubowo
Gorochowez
Lakinsk
Krasnogorsk
Swenigorod
MOSKAU
ORECHOWO-SUJEWO
Gus-Chrustalny
Murom
Oka
Arsamas
Sura
nach Kasan
WEISS-RUSSLAND
WITEBSK
SMOLENSK
Safonowo
WJASMA
PODOLSK
Moskwa
KOLOMNA
ORSCHA
Dnjepr
Ugra
SERPUCHOW
Kasira
KALUGA
Oka
RJASAN
Oka
MINSK
MOGILJEW
nach Kiew
TULA
nach Wolgograd

REGISTER

Kursive Ziffern verweisen auf Abbildungen

PERSONENREGISTER

Achmatowa, Anna A. 13
Alexander I., Zar 149
Alexander II., Zar 48, 65
Alexander Newski, Fürst 46, 47, 113, 133, 151
Alexander, Bischof 91
Alexej Michailowitsch, Zar 152
Alexi, Metropolit 153
Andrej Bogoljubski, Fürst 90, 92, 153, 154
Archipenko, Alexander 174

Bakunin, Michail A. 38/39
Batu Chan 47
Böll, Heinrich 14
Bolotnikow, Iwan I. 113
Borodin, Alexander P. 68
Breshnew, Leonid I. 113
Bulgakow, Michail A. 14, 68

Chagall, Marc 174, 175
Chruschtschow, Nikita S. 113, 129
Custine, Astolphe de 50

Dejneka, Alexander A. 175
Dionissi, Meister 172, 173, 173
Dmitri I. Donskoi, Großfürst 46, 47, 94, 113, 151
Dmitri Iwanowitsch, Zarewitsch, Sohn Iwans IV. 153
Dmitri, Sohn Wsewolods III. 94
Dostojewski, Fjodor M. 13, 38/39, 67, 133
Dschingis Chan 47

Elisabeth (Jelisaweta) Petrowna, Zarin 26/27, 149
Erichsen, Vigilius 175

Feodossi, Meister 173
Fioravanti, Aristotele 94, 95
Friedrich, I. Barbarossa, Kaiser 93, 154

Gagarin, Juri A. 129
Gay, Nikolai N. 66
Georg, heiliger 91
Glinka, Michail I. 68
Gogol, Nikolai W. 66, 67, 68
Gorbatschow, Michail S. 13, 113
Gorki, Maxim 38/39, 67, 132

Heine, Heinrich 14
Hitler, Adolf 113

Iona Syssojewitsch, Metropolit 135

Isjaslaw, Sohn Andrej Bogoljubskis 154
Iwan III., der Große, Großfürst 48, 94, 132
Iwan IV., der Schreckliche, Zar 13, 48, 48, 60/61, 80, 113, 129, 151, 155
Iwanow, Michail M. 174

Jaroslaw der Weise, Fürst 87, 90, 169
Jawlensky, Alexej 174
Jessenin, Sergej A. 129, 157
Jewdokija Lopuchina, Gemahlin Peters I. 151
Juon, Konstantin F. 90
Juri Dmitrijewitsch, Fürst 151, 152
Juri Dolgoruki, Fürst 109, 115, 133, 153

Kalinin, Michail I. 152
Kandinsky, Wassili W. 174
Katharina I., Zarin 28/29
Katharina II., die Große, Zarin 13, 48, 49, 49, 113, 149, 151, 152
Kopelew, Lew S. 14
Krylow, Iwan A. 153
Kryschanowski, S. 14
Kusma Minin 48, 113
Kutusow, Michail I. 113, 149
Kyrill, Slawenapostel 112

Larionow, Michail F. 174
Lenin, Wladimir I. 51, 67, 113, 129, 149, 150
Lermontow, Michail J. 13, 66, 68, 73
Lewitan, Isaak I. 152, 174, 174
Lewizki, Dimitri G. 174
Lissitzky, El 174
Lukas, Evangelist 171

Majakowski, Wladimir W. 13, 67
Makowski, Wladimir J. 94
Malewitsch, Kasimir S. 67, 174, 175
Malozemov, Nikolai 90/91
Mamai Chan 113
Maximow, Wassili M. 175
Menschikow, Alexander D. 149
Method, Slawenapostel 112
Michetti, Francesco 24
Mussorgski, Modest P. 68

Napoleon I., Kaiser 4/5, 49, 50, 51, 68, 113, 149, 151, 171
Nekrassow, Nikolaj A. 114
Nestor, Meister 115
Newrew, Nikolai W. 49
Nikitin, Afanassi N. 152
Nikitin, Guri 115

Nikolaus I., Zar 49
Nikolaus II., Zar 49
Nikon, Metropolit, Patriarch 153
Nuovo, Alovisio 94, 95

Olga, Fürstin 134

Pawlowa, Anna P. 68
Peter I., der Große, Zar 13, 21, 38/39, 40, 45, 48, 48, 49, 50, 51, 60/61, 65, 69, 95, 105, 109, 112, 113, 129, 133, 149, 150, 155, 169, 174
Polenow, Wassili D. 175
Posharski, Dmitri M. Fürst 48, 113
Priluzki, Dmitri 62/63
Puschkin, Alexander S. 14, 34, 66, 66, 67, 134

Rachmaninow, Sergej W. 68, 133
Rasin, Stepan T. 113
Rasputin, Walentin G. 65
Rastrelli, Bartolomeo 26/27, 28/29, 149, 174
Repin, Ilja J. 174
Richwin 91
Rimski-Korssakow, Nikolai A. 68
Rossi, Karl I. 4/5, 149
Rubljow, Andrej 70, 86, 93, 150, 152, 172, 172, 173
Rurik, Normannenfürst 46, 112

Sagorski, Wladimir 150
Saltykow-Schtschedrin, Michail J. 153
Sergios von Radonesh 101, 150, 152
Slawin, Sila 115
Sofja Alexejewna, Schwester Peters I. 129, 150
Solari, Pietro 94
Solschenizyn, Alexander I. 14, 68
Stalin, Jossif W. 13, 65, 68, 77, 78/79, 112, 113, 113
Starow, Iwan J. 41
Stassow, Wassili P. 30, 149
Stschedrin, Semjon F. 174
Surikow, Wassili I. 169

Tamerlan (Timur), Eroberer 171
Tereschkowa, Walentina W. 114
Theophanes der Grieche 70, 92, 172, 172
Tolstoi, Alexej K. 66, 67, 68, 70
Tolstoi, Leo N. 66
Trezzini, Domenico 31
Tschaikowski, Peter I. 14, 68
Tschechow, Anton P. 13, 45, 68, 152
Tschet, Mongolenfürst 118/119

Tschorny, Daniil 150
Turgenjew, Iwan S. 66, 164/165

Waismuth 91
Wasnezow, Wiktor M. 48, 132
Weneziantow, Alexej G. 67, 174
Wichmann, Bischof 91
Wladimir Swjatoslawitsch, Fürst 113
Wladimir, Fürst, Sohn Jaroslaws des Weisen 90
Wladimir, Großfürst 85
Wladimir, Meister 173
Wsewolod III., Fürst 90, 93, 94, 152, 154
Wyssozki, Wladimir 14, 68, 129

ORTS- UND SACHREGISTER

Adel 13, 45, 49, 67f., 85, 90, 129, 150
Alexander-Puschkin-Museumsreservat 134
Altrussische Kunst → Kunst
Amur (Fluß) 65, 66
Aral-See 46
Archangelsk 69, 109, 112, 114
Architektur 50f., 69, 94f., 112, 114, 133, 154, 169
– altrussische 150
– neue russische 174
Armut 70
Asien 14, 48
Astrachan 109
Avantgarde, russische 67, 174
Atomkraftwerke 46, 65

Baikal-Amur-Magistrale (BAM) 17
Baikal-See 65, 66, 67, 68
Baltikum 48
Banja (Dampfbad) 19f.
Barentssee 109
Barock, russischer 44, 95, 108, 149, 174
Bauern 45, 49, 56/57, 113
Belorussen (Weißrussen) 47, 112
Beresina 113
Bergwerke 18, 46
Bevölkerung 109, 112
Bilibino 65
Bodenschätze 14, 70
– Kohle 14, 18, 45f., 65
Bogoljubowo 94, 154
Bogorodskoje 150
Bojarentum 13, 112, 114, 115, 132, 151, 169
Bolschewiki 45, 49, 50, 113, 129, 149

Bürgertum 45
Byzanz 70, 85, 86, 169, 174

China 65, 66
Chochloma 132
Christentum 85, 134, 169
Christianisierung 47, 113

Datscha 19, 45
Dekabristen 66
Demokratie 14, 49, 68
Deutsche 14, 47, 133, 174
Djutkowo 152
Dnepr (Fluß) 85, 109
Dnestr (Fluß) 109
Don (Fluß) 47, 109
Dorfgemeinschaft 18f., 45f., *58/59*
«Dreifaltigkeit» (Ikone) 150, *172*, 173
Dwina (Fluß) 109

Europa 14, 17, 65, 95, 113, 155, 174

Feudalismus 112f.
Fischfang 112
Fortschritt, technischer 17, 19, 45, 46
Freischärlertum (Uschkuiniki) 112
Fresken 70, 87, 90, 92, 93, 114, 115, 129, 172
Frostgebiete 45, 65, 109

Geschichtsüberblick 113
Glocken 115, 135, 169
Glockentürme *64*, *106/107*, 115, *171*
Glotowo *170*
Godunow (Bojarengeschlecht) 115
Godunow, Schule von 172
Goldene Horde → Mongolen
Goldener Ring 51, 69, 112, 133, 150
Gorki → Nishni Nowgorod
Gorki (Gebiet) 132
Gorochowez *18*, *160*
«Gottesmutter vom Don» (Ikone) *172*
«Gottesmutter von Tolga» (Ikone) *85*
«Gottesmutter von Wladimir» (Wladimirskaja; Ikone) 87, 90, 93, 154, 171
«Großer Vaterländischer Krieg» (1941–1945) 113, 149
Großrussen (Russen) 47, 112
Gulag 65, 112

Handel 13, 66, *70/71*, 91, 92, 109, 112, 114, *126/127*, 132, 133, 152, 155
Handwerk 45, 91f., 112, 132, 152

Höhlenkloster → Kiew
Holzbaukunst *10/11*, 18f., *62/63*, 69, 95, 114ff., *138/139*, 151, 155, 169

Igorlied 114
Ikonen 70, 87, 90, 93, 114, 115, 129, 150, 170f., *172*
Ikonenmaler 70, 87, 152, 169, 172f.
Ikonostase *6/7*, 85, *122/123*, *125*, 172, 173
Ilmensee 57, 133
Imperialismus 14
Industrialisierung 18, 45, 49, 65
Industrie 109, 114, 129, 132, 149, 153
Ingutschen 65
Intelligenzija 14, 129
Irkutsk 65, 66, 67
Izba 18f.

Jäger 18
Jalta, Konferenz von *113*
Jakutien 17, 45, 65
Jakutsk 45
Jaroslawl 51, 109, 112, 114, *114*, *114/115*, 135, 172
– Erzengel-Michael-Kirche *120*
– Glockenturm *171*
– Kotorosl *121*
– Nikola-Rubleny-Kirche *117*
– Prophet-Elias-Kirche *86*, 114, *124*, *125*, *173*

Jaroslawl (Fürstentum) 114
Jaroslawl (Gebiet) 153
Jaroslawl, Schule von *85*
Jasnaja Poljana 67
Juden 112
Jurjew-Polski 115

Kalinin → Twer
Kalinin (Gebiet) 152
Kalksteinbau 133
Kamenka (Fluß) 151
Kamtschatka (Halbinsel) 17, 65
Karabicha 114
Karelien 112, 114
Kasan 95
Kaspisches Meer 46, 109
Kiew 47, 51, 85, 92, 109, 112, 171
– Höhlenkloster 47, 85, 91, 93, 174
– Sophienkathedrale 87, 90f., 93, 154, 174
Kiewer Rus 46f., 112, 113, 135
Kineschma *168*
Kirche, russisch-orthodoxe 45, 47, 69f., *100*, 112, 132, 150
Kirchenbau 50, 51, 70, 85f., 94f., 132, 174

Kishi 114
Klassizismus, russischer 149, 174
Klerus 85, 94, 169
Klima 109
Kljasma (Fluß) 92, 94, 153
Kola (Halbinsel) 112
Kolonialismus 14
Kommunismus 68, 113
Konstantinopel 85, 92, 171
Kostroma *12*, *18*, 112, 115, *115*, *172*
– Dreifaltigkeitskirche *122/123*
– Handelsreihen *126/127*
– Ipatjew-Kloster *6/7*, 115, *118/119*
Krasnoje 115
Kreml 51, 69, 112, 135, 174
Kreuzkuppelkirchen *53*, 87, 90, 153, 174
Krim 113
Kulikowo-Feld (Kulikowo Polje) 47, 94, 113
Kultur 14, 66f., 68, 85-95, 112, 150
Kunst, altrussische 85-95, 114, 150, 154, 169
Kunsthandwerk 129, 135

Ladoga-See 109, 132
Lakinsk *162/163*
Landschaft 17, 70, 109, 112,
Landwirtschaft 65, 70, 86, 112
Leibeigenschaft 14, 45, 49, *49*, 50, 113
Lena 66
Leningrad → Sankt Petersburg
Liberalismus 67, 112
Literatur 65, 66ff., 153
Livland 133
Livländischer Krieg 113

Magadan 65
Magadan (Gebiet) 46
Magdeburger Tür → Nowgorod
Malerei 92, 93, 135, 169, 172, 174
– altrussische 150
Matrjoschka (Puppe) *13*, 150, *152*
Metropolitensitz 92, 94, 133, 135
Michailskoje 67
Modernisierung 19, 45, 49
Mongolen (-herrschaft) 13, 47, *47*, 70, 85, 87, 93, 94, 112, 113, 129, 133, 151, 154, 171
Mosaiken 87
Moskau 14, 17, 51, *51*, 70, *92*, 94f., 109, 112, 113, 115, 129, *129* (Stadtplan), 132, 135, 169, 171, 172
– Arbat 129
– Basilius-Kathedrale *1*, *73*, 95, 129
– Bolschoi-Theater *69*
– Erlöserturm *80*
– Erzengel-Kathedrale 95, 129

– Gorki-Straße *78/79*
– Hotel Ukraine 77
– Kasaner Bahnhof 129
– Kathedralenplatz *82/83*, 129
– Kolomenskoje 69, *81*, 95, 129
– Kreml 47, *47*, 50, 69, *74/75*, 76, 95, 129, 173, 174
– Lenin-Mausoleum 129
– Mariä-Himmelfahrts-Kathedrale *82/83*, 95, 129
– Mariä-Verkündigungs-Kathedrale 129
– Neues Jungfrauen-Kloster *84*, 129
– Nowodewitschi-Friedhof 129
– Puschkin-Museum 132
– Puschkin-Platz 66
– Roter Platz 48, 95, 129
– Tretjakow-Galerie 13, *48*, 66, 68, 85, 86, 87, 169, 171, *172*, 173, *174*
– Waganskowskoje-Friedhof 129
– Zwölf-Apostel-Kirche 95
Moskau (Großfürstentum) 129, 132
Moskauer Rus 113, 128, 129
Moskwa (Fluß) 129, 151, 152
Murmansk 109, 112
Murom *158/159*
Muschik (Bauer) 51
Musik 67, 68

Narodnaja (Berg) 109
Neglinnaja (Fluß) 129
Nerjungri 45
Nerl (Fluß) 94, 154
Nero-See 114, 134
Nestor-Chronik 85
Newa (Fluß) *34*, *35*, *36/37*, *44*, 47, 48, 50f., 113, 149, 152
Nikulskoje 114
Nishni Nowgorod (Gorki) 109, 132, *164/165*
– Kreml *132*, *133*
– Tschkalow-Denkmal *132*
Nordpol 65, 112
Nowaja Semlja (Insel) 65
Nowgorod 14, 90ff., 94, 112, 132f., 169, 172
– Antonius-Kloster 91
– Christi-Verklärungs-Kirche auf der Ilja-Straße 92
– Jaroslaw-Hof 91, 133
– Jurjew-Kloster 91
– Kreml *64*, 132
– Magdeburger Tür 90, *113*, 132f.
– Nikolaus-Kathedrale 91
– Sophienkathedrale *53*, *64*, 87, 90, 132, *133*
– Theodor-Stralitat-Kirche 92

Nowgorod (Fürstentum) 47
Nowgorod (Gebiet) 112
Nowgorod (Städterepublik) 91f.
Nowgorod, Schule von 87
Nowgoroder Stil 90f.
Noworossisk 109

Ochotzkisches Meer 65
Oka (Fluß) 109, 132, 153
Ökologie 65, 66
Onega (Fluß) 109
Onega-See 109, 112, *112*, *114*, 114f., *170*
Opritschniki 155
Ostsee 65, 109

Peipus-See 47, 113
Pelztierjagd 17, 45, 112
Pereslawl-Salesski *8/9*, 18, *19*, *102/103*, *108*, 112, 115, *132*, 133, 153
– Mariä-Himmelfahrts-Kathedrale *108*
Perestroika 14, 113
Peterhof → Petrodworez
Petrinische Reformen 113
Petrodworez (Peterhof) *21*, *22/23*, *24*, *25*
Petrograd → Sankt Petersburg
Petropawlowsk-Kamtschatski 17, 65
Petrosawodsk 114
Petrowskoje *157*
Petschenegen 87
Petschora (Fluß) 109
Pleschtschejewo-See *8/9*, *102/103*, 133
Pljussa (Fluß) *56*
Płozk 91
Polen 48, 113
Polen-Litauen 48, 113, 133
Popen 45
Pskow 14, *15*, 67, 69, 70, 92, 133f., 169, 172
– Epiphanias-Kirche *54/55*, *134*
– Kreml *134*
– Nikolaus-Kirche *134*
Pskow (Gebiet) 112
Pskow, Schule von 134
Pskowa (Fluß) 133, 134
Puschkin → Zarskoje Selo

Reichsstil 95, 169
Religion 45, 47, 70, 85
Revolutionen, russische 14, *42/43*, 45, 67, 69, 70, 113, 149
– (1905) 113
– (1917) 45, *51*, 174
Romanow (Zarendynastie) *38/39*, 113, 134

Rostow am Don 109
Rostow (Fürstentum) 135
Rostow Weliki *10/11*, 112, 134f., *135*, *161*
– Kreml *2/3*, *90/91*, *104*, *106/107*, 135, *135*
Rostow-Susdal (Fürstentum) 133
Russische Föderation (Rußland) 65, 129
Russischer Norden 112, 132, 133
Russischer Winter (Kulturfestival) 129

Sachalin 65
Sagorsk → Sergijew Possad
Sakralarchitektur 86f., 90
Samara 109
Samowar *71*, *95*
Sankt Petersburg (Leningrad) 14, 15, 48, 50, 109, 112, 129, 149, *149* (Stadtplan), 152, 174
– Admiralität *31*, *35*, 51, 149
– Alexander-Newski-Kloster *41*
– Alexander-Platz 51
– Dreifaltigkeitskathedrale *30*, *41*
– Eremitage *40*, *44*, 149
– Isaaks-Kathedrale *31*, *32/33*, 35, 50, 149
– Kasaner Kathedrale 149
– Kunstkammer *35*, 149
– Newski Prospekt 149
– Nikolaus-Kathedrale 149
– Peter-Paul-Festung *31*, *38/39*, 51, 149
– Piskarjow-Gedenkfriedhof 149
– Platz der Kathedralen 51, 66, 149, *175*
– Smolny-Kloster 149, 174
– Strelka 149
– Stroganow-Palais 149
– Triumphbogen *4/5*, 51
– Wassili-Insel *32/33*, 149
– Weiße Nächte 149
– Winterpalais *42/43*, 50, 51, 149, 174
– Zwölf Kollegien 149
Sapskowje *54/55*, *134*
Saratow 109
Sawolshje *166/167*
Schwarzes Meer 65, 109
Schweden 47, 65, 113, 133
Selenogorsk *171*
Sergijew Possad (Sagorsk) 19, 51, 86, 87, 112, 149, 150, *152*, 172, 169
– Dreifaltigkeits-Sergios-Kloster 90, 93, 97, *98/99*, *100*, *101*, *105*, 150
– Mariä-Himmelfahrts-Kathedrale *98/99*, 150

Sewastopol 109
Sewero-Dwinsk 109
Sibirien 46, 65, 67, 109, 113
Slawen *8/9*, 47, 109, 112
Smolensk 109
Solowezki-Inseln 112
Sotschi 65
Sowjetunion (UdSSR) 14, 17, 46, 49, 68, 112, 113, 129, 149
– Zerfall 45, 68f., 113
Sozialismus 14, 174
Sprachen 14, 109
Staraja Russa *19*, 133
Steinbauweise 86, 155, 169f.
Stiller Ozean 17, 65, 129
Straflager (Gulag) 65
Stroganow, Schule 87, 172
Susdal *16*, 51, 70, 112, 150, *151*, *170*
– Christi-Verklärungs-Kirche *138/139*
– Erlöser-Euthymios-Kloster *137*, *148*, 151
– Handelsreihen *140*
– Heiliges Tor *145*
– Kreml 151, *170*
– Mariä-Geburts-Kathedrale *142/143*, *144*, 151
– Mariä-Schutz-und-Fürbitte-Kloster *141*, *146/147*
– Nikolaus-Kirche *170*
– Peter-Paul-Kirche *151*
Susdal (Fürstentum) 150
Swenigorod 151, *156*, 172
Sabbatios-Kloster 152, *171*
Swjatogorsk-Kloster 135

Taiga 17, 18, 45, 70
Technologie 65
Theater 14, 45, 68, *69*
Topographie 109
Tourismus 17
Trachten 70, *70/71*
Tradition 12, 45, 70/71, *71*, 86, 90
Transsibirische Eisenbahn 17, 129
Tschernigow 109, 169
Tschetschenen 65
Tschuckschen 65
Tschukotka (Halbinsel) 65
Tundra 17, 109
Twer (Kalinin) 109, 135, 152f., *154*, 172
– Dreifaltigkeitskirche 155
– Katharinenpalast 154

Uglitsch 153
Ukraine 47, 48, 113
Ukrainer (Kleinrussen) 47, 112
Umweltschutz 45, 46, 65

Union der Sozialistischen Sowjetrepubliken (UdSSR) → Sowjetunion
Ural 18, 109

Verbannung 66, 151
Vierpfeilerkirche 152
Völkerschaften 65, 112
Volkskunst 70, 86, 150, 169

Waldai-Höhen *58/59*, 109
Wasserkraftwerke 65
Weiße Nächte (Kunstfestival) 140
Weißes Meer 109, 112
Weißrußland 48
Welikaja (Fluß) 133, 134
Weltkrieg, Erster *50/51*
Weltkrieg, Zweiter 14, *113*, 133, 149
Weskowo 133
Wetsche (Versammlung freier Bürger) 112, 132
Wintersportgebiete 109
Wirtschaft 14
Wissenschaft 65
Wladimir 51, 69, 70, 92ff., 95, 112, 135, 153ff., 155, 172
– Demetrios-Kathedrale 93, *94*
– Mariä-Entschlafens-Kathedrale → Mariä-Himmelfahrts-Kathedrale
– Mariä-Schutz-und-Fürbitte-Kirche 154
– Mariä-Himmelfahrts-Kathedrale 87, 90, 93, 94, *128*, 154, 171, 172
Wladimir (Gebiet) 150
Wladimir, Schule von 92
Wladimir-Susdal (Fürstentum) 47, 95, 169
Wladimirskaja → «Gottesmutter von Wladimir»
Wladimirskoje Opolje 150, 153
Wladiwostok 17
Wolchow (Fluß) *57*, *64*, 132, 133
Wolga *60/61*, 66, 109, 114, 115, 132, 152, 153, 154, *164/165*, *166/167*, *168*
Wolga-Bulgaren 94, 151, 154
Wolgograd 109
Wologda 155, *155*
– Erlöser-Priluzki-Kloster *62/63*, 154
Wyschni Wolotschok 152

Zarentum 13, 48, 67, 90, 150
Zarskoje Selo (Puschkin) *26/27*, *28/29*, 174
– Katharinenpalast *26/27*, *28/29*
Zeltdachkirchen 90, 95, 151, 153
Zensur 68
Zentralisierung 94, 113, 129

DER FOTOGRAF

Fritz Dressler, 1937 in Potsdam geboren. Studium der Fotografie, Architektur und Völkerkunde. Professor an der Hochschule für Kunst und Musik in Bremen. Zahlreiche Veröffentlichungen, im C. J. Bucher Verlag u. a. die Panorama-Bildbände «Der Norden» (zusammen mit Hauke Dressler) und «Island» oder die Reisebildbände «Schweden» und «Dänemark». Lebt in Worpswede.

DIE AUTOREN

Klaus Bednarz, 1942 in Berlin geboren. Studium der Theaterwissenschaft, Slawistik und Osteuropäischen Geschichte. Korrespondent der ARD in Warschau und Moskau. Heute Leiter des WDR-Magazins «Monitor». Zahlreiche Veröffentlichungen, darunter im C. J. Bucher Verlag «Das alte Moskau», Bucher's Städtereisen «Moskau» und den Länderband «Polen».

Hans-Peter Riese, 1941 in Enger/Westfalen geboren. Studium der Geschichte, Philosophie, Soziologie und Politischen Wissenschaften in Frankfurt/Main. Korrespondent der Stuttgarter Zeitung und des Deutschlandfunks in Prag, anschließend außenpolitischer Korrespondent des Deutschlandfunks in Bonn. Von 1986 bis 1991 ARD-Korrespondent in Moskau. Seit 1992 Chefredakteur des Hessischen Rundfunks (Hörfunk).

Heiderose Engelhardt, 1956 in Leipzig geboren. Promovierte Kunsthistorikerin und Autorin der im C. J. Bucher Verlag in der Reihe «Edition Die Deutschen Städte» erschienenen Bände «Naumburg» und «Leipzig» sowie von Bucher Kulturreisen «Sachsen».

Wladislaw Goworukhin, 1962 in Moldowa geboren. Übersetzer und Redakteur, u. a. bei der Presseagentur «Nowosti». Derzeit Leiter eines Moskauer Verlagsbüros. Autor von Bucher's Reisebegleiter «Rußland».

TEXTNACHWEIS

Simone de Beauvoir: Alles in Allem. Reinbek: Rowohlt Verlag 1973. © Rowohlt Verlag, Reinbek 1974.
Walter Benjamin: Angelus Novus. In: Ausgewählte Schriften, Band 2. © Suhrkamp Verlag, Frankfurt/Main 1992.
Nikolai Gogol: Aus dem Briefwechsel mit meinen Freunden. In: Sämtliche Werke, Band 7. © 1913 Georg Müller Verlag. Mit Genehmigung der F. A. Herbig Verlagsbuchhandlung GmbH, München.
Maxim Gorki: Meine Kindheit (übersetzt von August Scholz). Frankfurt/Main: Fischer Verlag 1962.
Knut Hamsun: Reisebilder. © 1957 Langen Müller Verlag in der F. A. Herbig Verlagsbuchhandlung GmbH, München.
Sigmund von Herberstein: Das alte Rußland (übersetzt von Wolfram von den Steinen). Zürich: Manesse Verlag 1985.

ABKÜRZUNGEN

STG = Staatliche Tretjakow-Galerie, Moskau
SRM = Staatliches Russisches Museum Sankt Petersburg

BILDNACHWEIS

Archiv für Kunst und Geschichte, Berlin: S. 48 o.r. und u.r., 49 l., u.r. und u.l., 51 o. und l., 68 l. und o.M., 87 o.r., 94 r., 95 l., 174, 175 o.r. und u.l.
Bildarchiv Bucher, München: S. 70/71 (3), 94 l., 95 r.
Bildarchiv Preußischer Kulturbesitz, Berlin: S. 48 l., 49 o.r., 50, 51 r., 66 l. und r., 67 (3), 68 o.r., M., M.r., u.M. und u.r., 91 r., 172 l., 175 u.r.
Historia-Photo, Hamburg: S. 46 l., 113 l.
Sächsische Landesbibliothek, Abt. Deutsche Fotothek, Dresden: S. 85, 86 r., 87 u.M. und u.r., 113 M., 173 l.
Ullstein-Bilderdienst, Berlin: S. 113 r.

Alle anderen Abbildungen stammen von Fritz Dressler, Worpswede.

Die Karten auf Seite 20, 52, 72, 96, 116, 129, 136, 149 und 176 zeichnete Astrid Fischer-Leitl, München.

Vor- und Hintersatz: Birkenwald bei Jaroslawl

Einbandfotos:
Vorderseite: Im Freilichtmuseum für Holzarchitektur in Susdal
Rückseite: Im Dreifaltigkeits-Sergios-Kloster (oben); in Kushenkino auf den Waldai-Höhen (Mitte); bei Murom (unten)

Wir danken allen Rechteinhabern und Verlagen für die Erlaubnis zu Nachdruck und Abbildung. Trotz intensiver Bemühungen war es nicht möglich, alle Rechteinhaber zu ermitteln. Wir bitten diese, sich an den Verlag zu wenden.

IMPRESSUM

Bildkonzeption: Axel Schenck
Lektorat: Elfriede Peschel, Susanne Kronester

Übersetzung, Bearbeitung und Ergänzung des Beitrags von Wladislaw Goworukhin: Hannelore Umbreit, Leipzig

Bildlegenden: Bernadette Ott, Elfriede Peschel
Bilddokumentation: Maria Guntermann
Graphische Gestaltung: Werner Poll
Herstellung: Angelika Kerscher

Technische Produktion:
Satz: Josef Fink GmbH, München
Repro: quadro, Heidelberger EBV GmbH
Druck: Bentrup Druck, Bielefeld

© 1992, 1993, 1994, 1998 by C. J. Bucher Verlag GmbH & Co. KG, München
Alle Rechte vorbehalten
Printed and bound in Germany
ISBN 3 7658 1197 1